CIOが日本の経済と企業を変えていく時代がやってきた

CIO／IT責任者が語る、DX時代を打ち勝つための30の提言

特定非営利活動法人
CIO Lounge【著】

発行：ダイヤモンド・ビジネス企画　発売：ダイヤモンド社

はじめに

日本企業は危機的状況にある。特に製造業は世界に名を轟かせていたかつての勢いを失い、地盤沈下が甚だしい。その原因の最たるものがデジタル競争からの脱落である。

日本経済を振り返ってみれば、第二次世界大戦後の混乱期からはい上がり重工業の生産技術を伸長させて世界の波に乗り、エズラ・F・ヴォーゲルの『ジャパン・アズ・ナンバーワン』の中で高く評価されるまでになった1979年からの10年間、日本の企業また経済の躍進は目覚ましいものがあった。1989年には世界の時価総額ランキングTOP50社中、実に32社が日本企業で占めるまでになったのだ。

ところが、ここをピークに日本は失速する。バブル崩壊である。それからの1990年代は「失われた10年」と呼ばれ、不良債権を抱えた大手企業の倒産や大手金融機関の統廃合などが相次ぎ、経済が一気に冷え込んで景気後退と長期不況を招いた。2000年代に入ってからもその傷は癒えることなく、長期的・構造的な低迷が続く。これに追い打ちをかけたのが米国で起きた2008年のリーマンショックである。「アメリカがくしゃみをすると日本が風邪をひく」などと揶揄する言葉も出回るほど米国と密接な関係を持つ日本の経済は深刻な打撃を受けることになった。

1990年代、2000年代と米国が堅調な成長を続ける中でICT（情報通信技術）革命により労働生産性を大きく高めていたのに対し、日本のICTへの投資は驚くほど少なかった。大企業など一部ではR&D（研究開発）やグローバル化によりTFP（全要素生産性）を高める向きもあったが、日本の経済を支える大半の中小企業では長期的低迷からの脱出を試みることなく、過去の栄光にしがみつき昔の勢いを取り戻そうとやっきになるばかりで新陳代謝は進まなかったのである。

「日本を取り戻す」との掛け声の下、いわゆる「アベノミクス」によって成長率こそギリギリの推移ではあるものの実質GDP（国内総生産）はプラスの成長を示してきたと一般的にはいわれているが、その影で日本企業の真の競争力が確実に落ちてきた事実を素直に理解しなければならない。華々しく日本企業が世界のトップを疾走していた1989年からわずか30年後の2019年には、時価総額ランキングのTOP50社中日本企業で食い込むことができたのはたったの1社、トヨタ自動車だけだった。しかも順位は43位という低位にとどまっているのだ。

この事実をどう捉えるか。

トリッキーな数字を披露し、あたかも日本経済が成長しているかのようにアピールする政府の言葉に惑わされて国民も企業も現実から目を背け、不安や危機感を脇に押しのけるばかりで「茹でガエル」の状態になってしまい、世界がもがき進める変革への対応を後回しにしてきたツケがたまってきたのだといえよう。

日本企業の真の競争力が低下した最大の要因がＩＣＴ、つまりＩＴ（情報技術）化／デジタル化への対応の遅れ[*1]なのである。

ＮＰＯ法人ＣＩＯ Ｌｏｕｎｇｅが正会員60人強（当時）のＣＩＯ（最高情報責任者）／ＩＴ責任者に対し２０２２年に行った調査によると、共通課題は次の２点、すなわち経営者の意識と推進力に集中した。

・**「経営にＩＴやデジタルを活かす」という経営者の強い意識と推進力が低い**[*2]
・**ＩＴを活用した経営の変革に対し、経営者が自分事の経営課題として推進していない**[*3]

先に示したように、欧米企業においては経営者自らが先陣を切る形でＩＴ化／デジタル化を推し進め、企業のビジネスモデルやプロセスのＩＴ化／デジタル化に積極的である。デジタルを活用したビジネスの効率化や競争力の向上を重視するだけでなく経営者自らの理解と知識もある。力をつけ伸びてきた企業でＩＴやデジタルがわからない経営者はまずいない。

ところが日本では、「ＩＴやデジタルはわからない」と公言する経営者が少なくないので

＊とともに数字が付記されている太字部分は本書タイトルにも掲げた「CIO／IT責任者が語る、DX時代を打ち勝つための30の提言」を構成する提言である。(P.276参照)

ある。もちろん、IT化／デジタル化を担う専門部隊としてIT部門があるのは当然であり、特化した専門性でその責任を負うのはCIO／IT責任者である。しかし、近年のICTの重要性はDX（デジタル・トランスフォーメーション：デジタル変革）を筆頭に、ICTが経営を支え、変革する手段として経営戦略そのものに影響を与えるほど重要なものとなっており、経営者が知らないでは済まされなくなっている。

CIO／IT責任者は、こうした日本企業の現状から目をそらすことなく、世界から大きく後れを取ってしまったIT化／デジタル化の課題を洗い出し、自らが積極的に取り組む姿勢を示しつつ、経営者と二人三脚で組織を率い、企業強化に貢献しなければならないのである。

我われCIO Loungeは、IT化／デジタル化の観点から、特に地盤沈下の著しい製造業の復権、ひいては日本経済の復権を目指し、2019年にNPO法人を設立した。

IT化／デジタル化の推進に対して大きな障壁となっている「企業経営者と情報システム部門」、「企業とベンダー」の二つの連携に関する課題を整理し、双方の架け橋となって相互理解を進め、正しいIT化／デジタル化により企業の効率的かつ持続的成長に貢献することを目指すものである。さらに、これらの知見やノウハウを集積した「ITレスキュー集団」として、課題を抱えたクライアントへ解決策を提言し、実装の効果まで見届ける活動も行っている。

当法人は、設立直後に発生した新型コロナウイルス感染症のパンデミック（世界的大流行）に伴い、約2年間を準備期間とし２０２１年から本格的活動を開始した。それから2年弱の短い期間にもかかわらず、２０２３年現在は日本を代表するＩＴ先進企業のＣＩＯ／ＩＴ責任者（正会員）が60社（70人）を超え、当法人の取り組みに賛同するＩＴベンダー（サポート会員）も１００社を上回る参画ぶりである。

本書では、70人強の正会員すなわちＩＴ先進企業のＣＩＯ／ＩＴ責任者の経験を通じ、実際に各企業で実施してきたこと、さらには今、立ち返ってみてこうすればよかったと反省すべき点を余すところなく紹介する。理屈や理論だけでは埋めきれないピース――デジタル推進における悩みや直面する問題――について、各社が試行錯誤して得た貴重な経験談を参考にしつつ課題解決の糸口をつかんでいただければと思う。

特に着目していきたいのは次の3点である。

・日本の経営においてなぜ経営とＩＴ化／デジタル化の距離が縮まらないのか
・ＩＴ化／デジタル化の距離が縮まらないためにどのような弊害が起きているのか
・ＩＴ化／デジタル化を目指し、企業活動をいかに進めるべきか

そして、本書を通じＩＴ化／デジタル化推進に向けたキーワードとなるのが「経営・ＩＴの表裏一体」、「経営・事業・ＩＴの三位一体」である。

第1部では、デジタル化の効用を見極め活用することにより「早期にそしてダイナミックにビジネス変革を行うことこそ企業が生き残れる処方箋である」との論点を中心に解説する。特に、社内外のステークホルダー（利害関係者）と目的を共有することにより活力を発揮する強力な組織となる点について、日本企業の抱える課題とDXに対する誤解や推進のポイントをお伝えする。

また、経営とITが表裏一体、加えて経営と事業とITが三位一体となって経営や事業を進めるためにはCIOとしてどう考え、何をすべきなのかの方向性について触れる。

第2部では、先に示した考え方に沿って、具体的な事案に対しての考え方・ノウハウ・コツ・陥りやすい問題点などについて、ICTにおける企業経営の重大な7要素（組織変革、人材育成、システム構築、システム更改、セキュリティ、グローバル最適化、ベンダーマネジメント）の順に整理し解説する。

ここで取り上げるのはすべてCIO Loungeの正会員（CIO／IT責任者の経験者）が実際に経験し対応した課題である。

さらに、課題を取り上げるだけでなくCIOとして「今、振り返るとこうすればよかった」などの内省を加え、解決策をより深め実例に沿った悩み解決の処方箋を提供する。

本書はＩＴ化／デジタル化に関する同じような悩みに直面しているＣＩＯの方々や情報システム部門で取り組みに悩む担当者の方々の参考になる事例集として、さまざまな状況での活用が可能となっている。このため、企業の情報システム部門、デジタル推進部門の方々がこれから何をしていかなければならないかといった理解を深め、行動が具体的に進むことを目指している。それと同時に、経営者や事業責任者の方々にとってＩＴ化／デジタル化がいかに重大な要素となっているかを積極的に上申し、経営の側面からも理解が進む内容となるよう、経営戦略の観点を随所に入れて解説している。

さらに、企業のＩＴ化／デジタル化を支援するＩＴベンダーやコンサルタント企業の方々にとっても本書が生きた事例となって「パートナー企業としてどのようにＩＴ活用を進めていけば良いか」のヒントをつかめる内容となっている。ぜひご活用いただきたい。

ＩＣＴは驚異的な勢いで高速化し、処理内容も進化を続けている。名刺管理や経費精算などに加え、各種の法令対応も併せ、多くの便利ツールが提供される。生成ＡＩなどの革命的な新技術も一気に開花した。遠からず新しい世界が展開し、経済地図も大きく塗り替えられるかもしれない。そのような先の読めないＶＵＣＡ《ブーカ》の時代のただ中で、我われは今この瞬間もたゆまず経済活動を推し進めなければならないのである。

[*4]**現在特に重要だとされるのはアジャイルさ、つまり変化を素早く捉えて判断し、柔軟に調**

VUCA　世界規模の不安要素「Volatility・Uncertainty・Complexity・Ambiguity」の頭文字をとった造語。予想できない事象が次々と起こり、これまでの常識が通用しなくなる状況を指す。

整しつつ、それでもなお目指す方向はぶれることなく進む力である。

あなたの企業はいかがだろうか？　どんな波にも耐え得るシステムとなっているか？　頻度も感度も高めて判断を繰り返し、ダメだと思えば勇気を持って捨てる覚悟をもっているか？　躊躇することなく最新技術を活用した未来志向の企業に育つためのノウハウが満載の本書をぜひ参考にし、取り組みを進めてほしい。

当書を手に取った方の多くは、すでにＣＩＯ／ＩＴ責任者か、もしくは将来その立場になろうとしている担当者だろう。「自らが先頭に立ち、自社を、さらには日本の産業界の未来を牽引していくのだ」との矜持とともに、本書を通じ、ＩＴ戦略の理念と実践ノウハウを身に付けていただければ幸甚である。

さらに、大企業及び中堅並びに個人事業を経営する経営者の方にも、苦手なＩＴを克服し、ＩＴやデジタルを経営に生かすヒントをつかむヒントになる書籍である。

２０２４年1月16日

特定非営利活動法人 ＣＩＯ Ｌｏｕｎｇｅ

理事長 矢島孝應

目次

第2部 デジタル化への処方箋

第1部

企業におけるデジタル化の現状とあるべき姿

「ジャパン・アズ・ナンバーワン」とまで言われた経済大国の日本企業が世界各国の企業を追随しきれなくなった最大の要因はＩＴ化／デジタル化の対応の違いである。

日本はいつからＩＴ化／デジタル化が遅れたのだろうか。また、日本企業の対応は、何が問題であり、なぜ遅れたのだろうか。

第1部では、日本におけるＩＴ化／デジタル化の変遷と課題要因を明らかにし、日本企業が今何をしなければならないかについて解説する。

現在すでにＣＩＯや情報システム部門責任者を務める方、あるいは今後ＣＩＯを目指す方に向けて、ＣＩＯとしてのあるべき姿、仕事に対する取組方針や姿勢、考え方などについて触れる。特に、経営とＩＴが表裏一体であることに加え、経営と事業とＩＴがいかに三位一体で経営や事業を進めればよいか、ＣＩＯとしてどう考えるべきかを丁寧に解説する。さらに、デジタル化の効用を見極め活用することにより早期かつダイナミックにビジネス変革を行うことの重要性を示す。

ＩＴ化／デジタル化という企業が生き残るための処方箋を持ち、社内外のステークホルダーとの関係性を見直して目的を共有することにより活力を発揮し、競争力をつけ、強い組織にすることが可能なのである。

第1章 日本企業におけるIT化／デジタル化の課題

1．IT化／デジタル化に遅れた日本企業の実態

スイスに拠点を置くビジネススクール・国際経営開発研究所（IMD）が毎年発表する経済指標に「世界競争力ランキング」がある。企業がビジネス上でどの程度競争力を発揮しやすい環境が整っているかを順位付けしたもので、2023年は世界64カ国が対象となっている。このランキングは1989年から始まっており、2023年のデータでいうと、57の提携機関により164の統計データが収集され、世界の上級経営者6400人からのアンケート回答をもとに調査が行われている。ランキングの指標は、「経済パフォーマンス」、「政府の効率性」、「ビジネスの効率性」、「インフラ」の四つを柱に、評価項目は336にも及ぶ。

このランキングにおいて、日本は次のように低位にとどまり、しかも年々順位を下げる傾向にある（図表1－1）。

経済パフォーマンス（26位）とインフラ（23位）は何とか全体の前半分に滑り込んでいる形だが、政府の効率性（42位）とビジネスの効率性（47位）については後ろから数えたほうが早い順位だ。これが足を引っ張る形で総合順位は後半クラスの35位となっている。著しい凋落ぶりである。

もう一つのＩＭＤの指標を見ると、日本の遅れがより際立ってくる。「世界デジタル競争力ランキング」だ。このランキングは２０１７年から始まっており、政府やビジネス、さらに広い社会活動の変革を促す重要な推進力としてデジタル技術に特化したポテンシャルを、「知識」、「技術」、「未来への対応」の三つの柱で測ったものである。

最新版の２０２３年調査結果（図表１－２）では、対象の64カ国・地域中、日本は前年より三つランクを落とし、32位であった。この中で、特に順位が低いのが「未来への対応」のサブ因子「ビジネスの俊敏性」である。２０２２年は64カ国・地域中56位と低迷している。

さらに詳細な項目で見ると、「知識」のサブ因子「人材」の中の「国際経験」の1項目と、先ほどの「未来への対応」のサブ因子「ビジネスの俊敏性」の中の「企業の俊敏性」、「ビッグデータの活用と分析」の2項目は、なんと世界最下位である。

（IMD WORLD COMPETITIVENESS CENTER World Competitiveness Ranking 2023 https://www.imd.org/centers/wcc/world-competitiveness-center/rankings/world-competitiveness-ranking/2023/）

図表1-1 IMD「世界競争力ランキング」日本の順位（2019年～2023年）

指標	2019	2020	2021	2022	2023
総合	**30**	**34**	**31**	**34**	**35**
経済パフォーマンス	16	11	12	20	26
政府の効率性	38	41	41	39	42
ビジネスの効率性	46	55	48	51	47
インフラ	15	21	22	22	23

図表1-2 IMD「世界デジタル競争力ランキング」日本の順位（2019年～2023年）

指標	2019	2020	2021	2022	2023
総合	**23**	**27**	**28**	**29**	**32**
知識	25	22	25	28	28
人材	46	46	47	50	49
トレーニング・教育	19	18	21	21	21
科学的集積	11	11	13	14	15
技術	24	26	30	30	32
規制の枠組み	42	44	48	47	50
資本	37	33	37	32	36
技術的枠組み	2	5	8	8	7
未来への対応	24	26	27	28	32
適応力	15	19	18	20	22
ビジネスの俊敏性	41	56	53	62	56
ITの統合力	18	23	23	18	16

（IMD WORLD COMPETITIVENESS CENTER World Digital Competitiveness Ranking 2023 https://www.imd.org/centers/wcc/world-competitiveness-center/rankings/world-digital-competitiveness-ranking/）

ここからわかるのは、日本のデジタル競争力の遅れが明らかにビジネスの競争力を押し下げている大きな要因となっていることだ。特に足を引っ張っているのは企業の俊敏性やデジタル・データの活用経験の不足、機会の損失といった対応力のなさである。

我われＣＩＯ Ｌｏｕｎｇｅが中堅企業から大企業までの約２００社を対象として行ったヒアリング調査でもこの傾向は見てとれる。「あなたの会社はＩＴ先進企業ですか」という質問に対し、５段階評価で最高の「５」を付けた企業はわずか１％にとどまった。自己評価が恐ろしく低く、将来に向けた努力も見えない。

これが、現在の日本のＩＴ事情なのである。

肌感覚ではあるが、日本企業の経営者の中にはいまだに「私はＩＴは苦手だ」と公言する人が少なくない。ＩＴ化／デジタル化で効率化を図ることが悪というと言い過ぎだろうが、それに近い抵抗を示し、ＩＴ化／デジタル化の弊害を唱える経営者さえいる。

日本企業のＩＴ化／デジタル化が世界の潮流からは大きく出遅れていることはもはや明確

図表1-3 日本企業におけるIT化の認識と実態

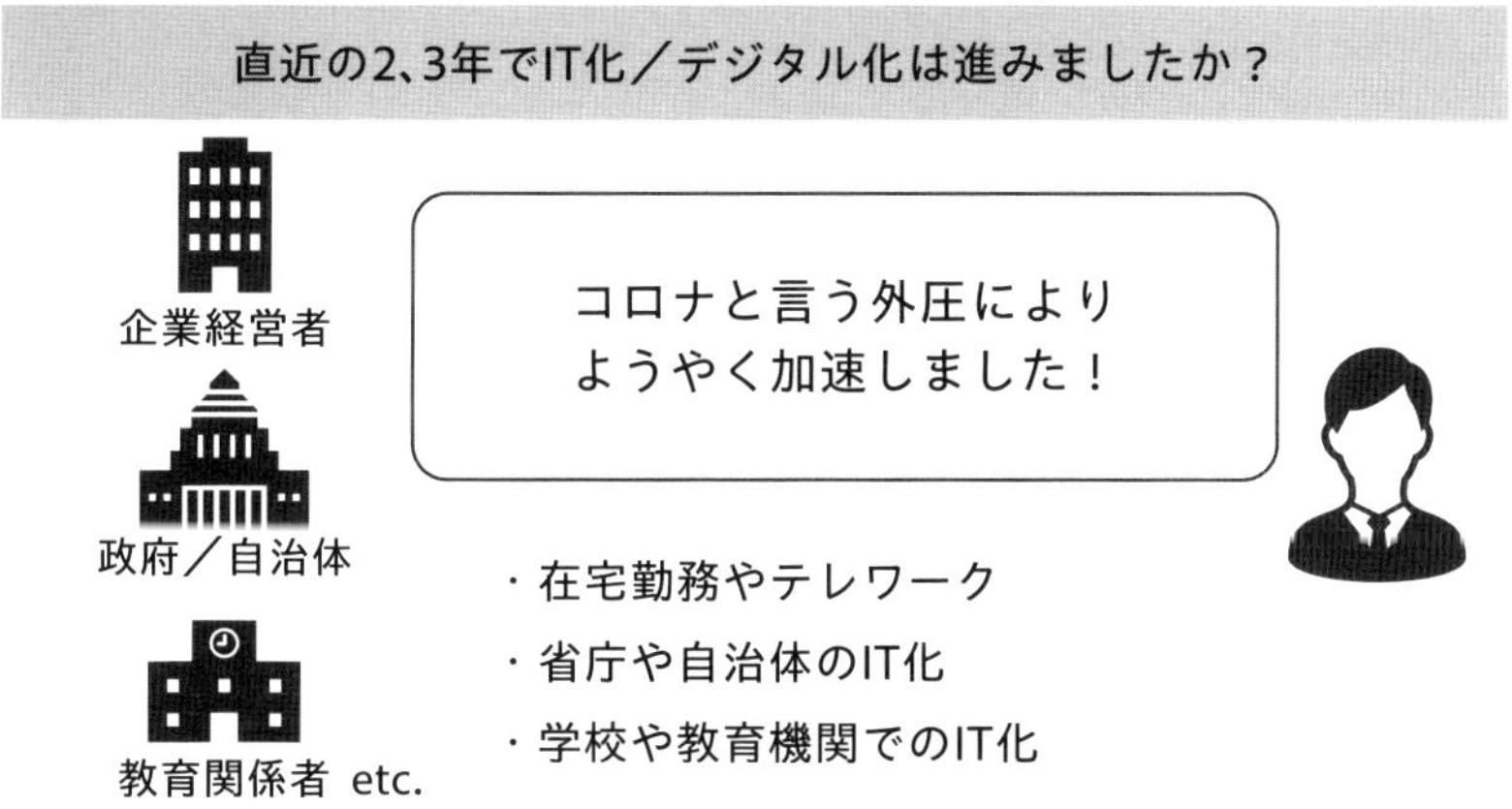

出典：経済産業省『DXレポート～ ITシステム「2025年の崖」克服とDXの本格的な展開～』

図表1-4 主要各国と東アジアの総合順位

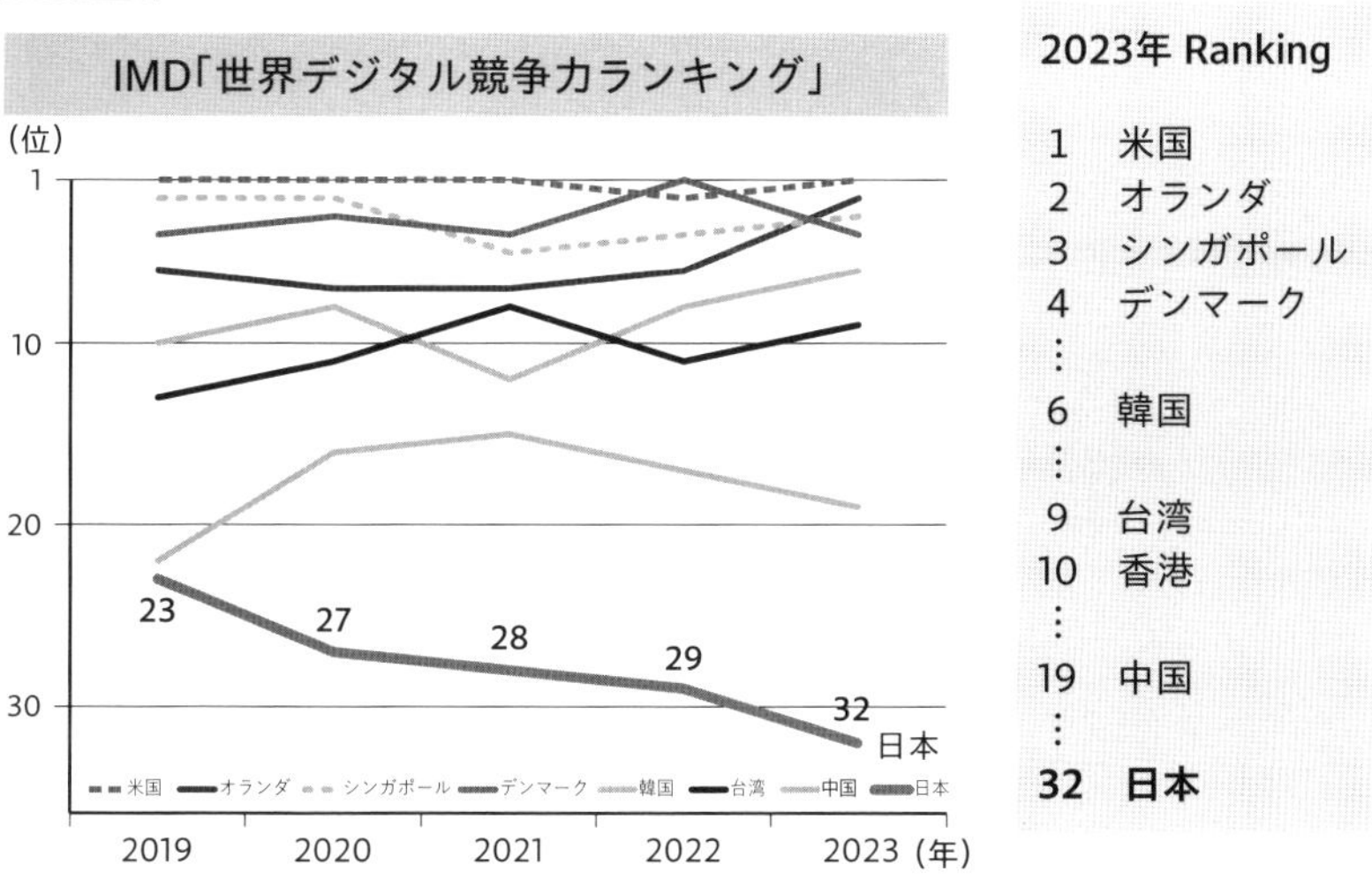

出典：IMD「世界デジタル競争力ランキング」

な事実であり、周回遅れの感すらある現在、多くの企業がその遅れを認識しているにもかかわらず、なぜすぐに脱出するために動こうとしない——動くことができないでいるのだろうか。

2．日本企業のＩＴ化／デジタル化はいつから遅れたのか

日本企業のＩＴ化の遅れを見る前提として、はじめに企業におけるＩＴ化の変遷をたどり、どこから遅れ始めたのかを振り返っていこう。

企業がコンピュータを活用し始めたのは１９７０年代、高度経済成長期まっただ中の頃である。当時は「表計算」や「ワードプロセッサー」といった個別の作業をコンピュータに置き換えることにより効率化を図るという概念で導入されていた。

その後１９８０年代からは、ＩＢＭの大型コンピュータを嚆矢《こうし》とし、ホストコンピュータと端末というローカルネットワークで繫がったシステムによって処理計算する仕組みが本格的に導入されていった。その頃には、課や部のレベルで受注管理や在庫管理、給与計算など、組織が行う業務をコンピュータで効率的に処理できるようになっていた。

バブルが崩壊し景気が失速し始めた１９９０年頃は、着実にＩＴ化／デジタル化を進めていた米国はＩＴ先進国として他の国を引き離し始める。とはいえ、日本の当時の電算処理能

力は、それほど出遅れていたわけではなかった。技術的な開発も進み、精密機器の製造技術にかけては世界トップクラスの腕を誇るようになっていたのである。

１９９０年代後半からインターネットによる通信技術が飛躍的に展開し、グローバルなビジネスの動きに拍車がかかった。その後２０００年代になって、それまで独立して運用していた各業務のシステムを全社レベルで一括処理する情報の統合化が進んだ。いわゆるＥＲＰ（エンタープライズ・リソース・プランニング）の導入である。

ＳＡＰやオラクルＥＢＳといった統合基幹業務システムが相次いで開発され、企業活動のさまざまな情報や経営管理上のデータが統合されるようになった。インターネット通信網の進展も相まって、ＥＲＰは世界各国の企業で導入され、多くの日本企業も同様に、ＥＲＰの導入に多額の投資と膨大なリソースを投入した。

実は、このＥＲＰの導入による統合システムの構築が、俊敏なビジネスの分かれ目となった。**統合システムの導入に対する方向性の違いが、世界の企業と日本の企業とで大きな軌道の違いを生み、日本はじりじりとIT化／デジタル化が遅れるようになっていったのである。**[*5]

３．日本の企業はなぜＩＴ化／デジタル化が遅れたのか

日本では、システムの統合化によって得られる経営者の期待は「システムを統合すれば全

社の状況をリアルタイムに掌握し、経営判断を行う上で正確かつ迅速な情報を得ることができる。それにより経営スピードが向上する」というものであった。無論、その理解は間違ってはいないが、個別で運用されるシステムを単に寄せ集めただけでは、効率化はそれほど期待できない。

データを統合して一括管理する際には抜本的な業務の見直しによる諸元の標準化が不可欠である。つまり、ＥＲＰなどの統合システムがパフォーマンスを最大にし、統合したデータから新たなビジネスチャンスを生み出すような発展を目指すためには、現場の業務そのものも統合管理する必要があり、標準化が不可欠なのである。

欧米を筆頭に中東・東南アジア諸国など、世界中の企業経営者が日本と同様の期待を持ってＥＲＰの導入を始めた。日本企業との最大の違いは、業務オペレーションの標準化に表れたのである。各国の経営者は業務を標準化して統合する経営改革を行った上でＩＴ化／デジタル化を図ることにより、現場のリソースを最小限にして業務パフォーマンスを向上させ、企業としての競争力を高めることに成功した。

さて日本はどうであっただろうか。日本企業で美談のように扱われる「現場の力」だが、現場で業務パフォーマンスを最大限にするために多くの日本企業がとった戦略は、現場の事情に応じた現場力の向上であった。

戦後の日本企業が驚異的な復興を成し遂げ、成長し続けられた要因の一つに「現場の力」があったことは否定しない。確かに日本人は、全国的に識字率も就学率も高く、コツコツと勤勉で、非常に優秀な国民だといわれている。

現場をよく知る者たちがそれぞれ知恵を出し合い、おのおの現場にて改善活動を進め、自ら強い現場、自立する現場を作り上げてきた。現場として定義される範囲は業種によって異なる。工場や倉庫、店頭や訪問先などさまざまである。それら手の届く現場の範囲内ですべての業務や作業、いわゆるオペレーションに関する知恵を出し合い、改善を行ってもっとも効率的な仕組みにして完結させることにより、強い現場を築き上げてきたのである。

海外の多くの企業は、オペレーションは各部署が手の届く範囲で個別に考えるのではなく、企業全体で（場合によっては企業を超えた業界の仕組み全体で）徹底的に標準化を図り、誰が対応しても一定の作業品質を保つことができるようにする。これが成功すれば、単に現状の作業の統廃合を進めるだけでなく、新たに統合されるようになったデータをこれまでにない切り口から分析することにより、新たな発見を生み出し将来のビジネスチャンスにする開発にも繋がる。このため、諸外国の多くの企業はＥＲＰにより、異なる現場でも徹底的に標準化を進め、統合管理する道を選択したのである。

　このような現場環境の捉え方や企業としての姿勢の違いが、同じERPと呼ばれる統合システムを全社レベルで導入しても、日本と海外の企業とで大きな差をつくりだした。

　海外企業はあらゆるオペレーションを標準化し、その結果、統合システムの導入を全現場に行い、標準化された現場作業によりアウトプットされる、標準化されたデータを活用することにより、経営者にタイムリーかつ的確な全社情報が提供されるようになった。

　一方日本では、経理事務などグローバル展開する中で世界基準が存在する業務についてはERPにより標準化が進み、統合システムの全社導入を進めた企業も多くある。しかし製造業における工場の生産管理など、現場のオペレーションについては、長年各現場で個別にパフォーマンスを高めてきた要員たちがそれぞれの努力で練り上げた作業や判断ノウハウを標準化することができず、全社的な基準を設けて統合化しようとすると現場の生産効率が下がってしまうという課題が噴出してしまった。このため、オペレーションの標準化を効果的に進めることができず、統合システムの導入に失敗する日本企業が続出したのである。

　現場作業の標準化や統合化が進まなかったことから、結果的にデータ（情報）の標準化が進まず、当然ながら経営者による全社情報の統括的把握や総合的判断、経営改革も期待できなくなってしまったのだ。

　欧米と日本とでのこの方向性の違いは、上流工程を中心に業務の設計を進める「ホワイトカラー」と呼ばれる従業員と、現場でヒト、モノ、カネ、情報を具体的に動かしながら実業

図表1-5　個別最適が進んでしまうことによる失敗

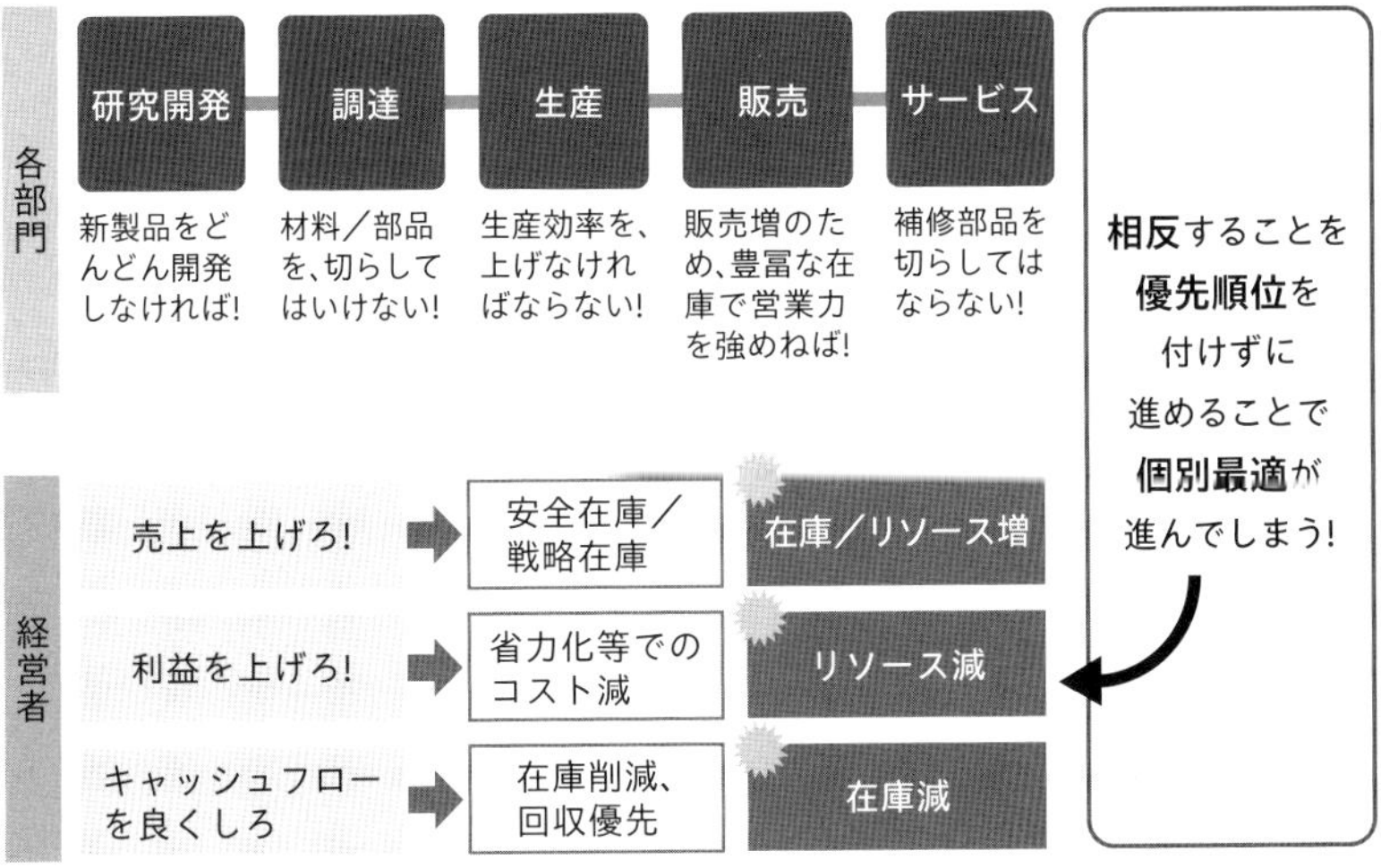

務を進める「ブルーカラー」と呼ばれる従業員との給与格差や、無意識的な態度による身分格差などの要素にも反映されているのが見てとれる。

さらに、日本企業がこのような現場重視の施策について時間的にもコスト的にも多くの投資を行い、取り組みを進めてきたことも少なからず判断を狂わせる要因の一つとなっている。つまり、抜本的な対策を講じるとそれまでの投資が無駄になってしまう、そのためある程度の成果を得るまでは続けようという心理状態である。

これらの結果、昔からの仕組みを踏襲しつつ目先の課題に対する改善を繰り返す程度の作業が本来の統合に代わって行われるようになっていった。古いテクノロジーやプラットフォーム、そして古い言語で構築された仕組みが屋上屋を架すように積み重なり、非常に効率の悪い、また機動力のない企業が数多く存在する結果となってしまったのだ。

これが、世界デジタル競争力ランキングで「企業の俊敏性」が世界最下位になる日本の現状をつくりだしてきた根底にある要因なのである。

第2章　ＤＸへの誤解と推進への課題

1．経済産業省「ＤＸレポート」に対する企業の誤解

２０１８年、経済産業省が「ＤＸレポート」を公表した。サブタイトルには「ＩＴシステム『２０２５年の崖』の克服とＤＸの本格的な展開」とある。「２０２５年の崖」とは、日本における既存システムが残存し、ＤＸが進まない場合、２０２５年以降には経済損失が最大で年間12兆円と、現在の約3倍にまで膨れ上がってしまう可能性が生じるという社会問題である。

「ＤＸレポート」の本来の趣旨は、企業経営の成長と競争力強化に向けて必要なＤＸの推進を行うためにはブラックボックス化されたレガシーシステムの刷新など、以下の課題への対策が不可欠だとするものであった。

・既存システムのレガシーシステム化による「足かせ」

・データ（情報資産）を最大限に活用する新技術への対応が困難
・将来にわたるシステム運用・維持管理費用の高騰
・少子化や労働者人口の減少によるＩＴ人材の枯渇
・サイバー攻撃などセキュリティ上のリスクの高まり
・古いシステムのサポート終了
・ＡＩをはじめとするＩＴの急進及び市場の急激な変化

つまり、経営者がこれらの重大な経営課題に気付き、企業の生き残りを図るために取り組むべき重要な経営戦略としてＤＸを推進することの重要性が説かれていたのである。

しかし、多くの企業経営者がこのレポートの意図を「ＩＴシステムの老朽化への対応」を促すものと勘違いした。システム部門がインフラやプラットフォームや言語を変更するだけの、単なる「情報システム部門の課題」との認識に陥ってしまったのである。

なぜそのような誤認が生じたのだろうか。

要因の一つは、いわゆる「２０００年問題対応」である。それまでのコンピュータシステムが日付処理を行う際に西暦の下２桁のみで処理し上位２桁を省略してメモリを節約していたことが原因で、西暦２０００年になるとシステムが「００年」すなわち１９００年と見なしてしまい、思わぬところで誤作動や機能停止を起こす恐れがあると指摘されていた。その他にも閏年の処理が施されていないプログラムがあるなど、1990年代末期には世界中のコンピュータプログラムが大規模に修正されることになった。このため、企業は多額の費用を投資し、人的リソースを投じてシステム変更の対応を進めることになり、特に中小企業では大きな負荷がかかった。

結果としては、世紀末に騒がれていたような大きな混乱は起きず、ほとんどの企業が問題を起こすことなく2000年以降も企業活動を続けることができた。

その2000年問題への対応を経験した当時の中堅メンバーが、現在は企業の経営陣となっている。このこともあり、「2000年問題は大げさな経営課題として取り上げられていたが、結果的には何事も起きなかったではないか」と現象のみを表面的に解釈し、今回の「2025年の崖」を単なるシステム更改のレベルで捉えてしまっている経営者も多いのである。

もう一つの大きな要因は、前章で指摘した標準化の失敗である。現場のオペレーションが独自に機能を特化させてしまい、標準化が進まずガラパゴス化すると、ERPなどのシステム導入がかえって手間のかかる非効率的なものと見なされて敬遠される。その結果、データは単なる寄せ集めにすぎなくなり、データドブリン（売上やマーケティング、Web解析などの各種データに基づいて総合的な分析・判断を行って行動を起こすこと）による経営革命は起き得ない。

ＤＸ[*6]が単なるシステムの刷新という情報システムの問題であるとの経営者の誤解により、日本企業のレガシーシステムの切り替えは一向に進めることができないでいるのだ。

２．急激な社会環境の変化によるＩＴ対応で足をすくわれた

システム統合が進まない状況の中、２０２０年頃から新型コロナウイルス感染症のパンデミックにより、社会の状況が一変した。オンラインツールやテレワークなど非接触でのコミュニケーションの環境整備の対応に追われ、企業の仕組みが大きく変化した。

新型ウイルス感染症の流行が企業に与えたもっとも大きな変化は「従業員の働き方」と「市場や取引先とのやり取り」であった。ウイルスの登場が報じられてからわずか数カ月の世界的な大流行により、これまでに想像もしなかった、人間同士が直接に触れ合う対面でのコミュニケーションを禁じられた社会に変わってしまったのである。

それでも経済は止められない。隔離された環境下でも仕事が続けられること、またお客様や取引先と直接会わなくてもサプライチェーンが流れる仕組みづくりが急ピッチで進められた。

従来、企業におけるＩＴ投資は、ホストコンピュータによる業務処理の改善、統合情報データベースの構築といった内部の業務の効率化に多額の資本が費やされてきたが、コロナ

図表1-6　コロナ禍前後の日本企業の実態

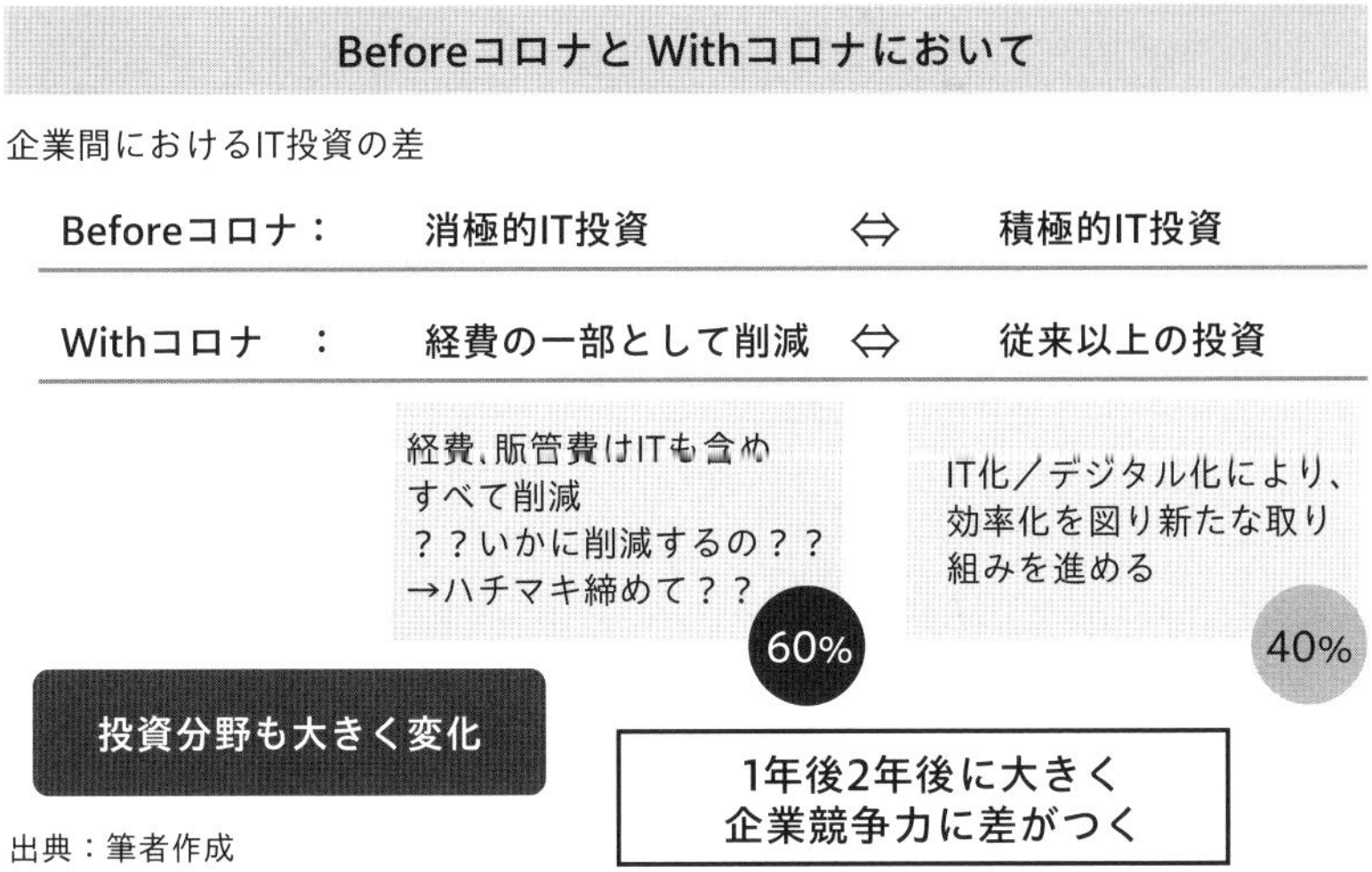
Beforeコロナと Withコロナにおいて
企業間におけるIT投資の差
Beforeコロナ：　消極的IT投資　⇔　積極的IT投資
Withコロナ　：　経費の一部として削減　⇔　従来以上の投資
経費、販管費はITも含め
すべて削減
？？いかに削減するの？？
→ハチマキ締めて？？
60%
IT化／デジタル化により、
効率化を図り新たな取り
組みを進める
40%
投資分野も大きく変化
1年後2年後に大きく
企業競争力に差がつく

出典：筆者作成

禍での社会環境の変化でその投資先が大きく変化した。従業員が自宅や出先で変わりなく業務を進められるよう、紙書類のクラウドデータ化による共有や電子押印、名刺管理、ちょっとした声かけで互いの様子を伝え合う代わりとなるチャットツールの導入、スケジュールのクラウド共有やオンライン会議など、いわゆる足元のＩＴ化が不可欠になっていき、大急ぎで開発されたさまざまなＩＴツールが一気に職場内で展開されていったのだ。

　ＩＴツールが劇的に進展したことそのものは、経営陣や管理職を含め、従業員がＩＴツールを身近に感じ、その利便性で業務の効率化を図る体験に繋がったことから、日本企業のＩＴ化やデジタル化が進む土台になったことは疑う余地のないことであり、デジタル化にとってはプラスに働いたといえるだろう。

しかし、これらの取り組みは一時的なパンデミックによるコミュニケーションの変化への対処にすぎず、DXという将来的な経営課題への本質的な変革とはまったく異なるものである。それを、ITの導入による進展と錯覚し、足元の利便性のみの価値を評価してしまっているのは非常に残念でならない。

3. 標準化の失敗がツケになっている

新型コロナウイルス感染症のパンデミックという外圧により、スマートフォンなど個人の持つデバイスの事業への浸透やリモートワークの展開、さらにはさまざまなアプリの導入など、ビジネスとプライベートの場が緩やかに繋がり、時間的にも場所的にもシームレスな働き方が急速に浸透した。言い方を替えれば、コロナ禍の影響でようやく日本もIT活用の広がりが見え始めたといえよう。

経営者の中にはこのような広範囲におけるITの導入を「DX」と呼び、「我が社もDXを進めています」と言われることがある。しかし、こうした取り組みは、紙や対面で行ってきたアナログの業務を単にデジタル化した「デジタイゼーション（Digitization）」である。あるいはもう少し進んだ取り組みにしても、個別に行っていた業務プロセスをデジタル化し寄せ集めただけの「デジタライゼーション（Digitalization）」である。本来的な「DX（Digital Transformation：デジタル変革）」とは異なるものだ。

DXは企業の変革をもたらす経営モデルの抜本的な改革である。だが実際にはDXを強化するよう半ば強制的に指示を受けて、対症療法的に対応した企業が続出した。猫も杓子もDX、とりあえずデジタル的であればDXであろうとばかりにさまざまなツールを職場ごとに導入したり、市場や取引先との新たなアプリを取り入れたりと、情報を共有するシステムは出来上がりつつあるものの、この対応により新たな課題も生じている。つまり、新たに導入したツールで蓄積するデータや新たな業務プロセスで出力されるデータが従来のシステム（レガシーシステム）と連携できず、結局のところ企業全体の活用に繋がらないという問題が立ち上がってきたのである。

新旧のシステムを連携させることができない理由の一つが、レガシーシステムや基幹システムといわれてきた従来システムのプラットフォームや言語が古い技術で構築され、標準化が進められていないため、新たに導入した多くのツールが稼働するシステムの環境と合わないという課題である。つまり、経済産業省が公開した「DXレポート」で本質的に指摘された課題――業務の標準化問題――が顕著に表れ始めたわけだ。

各職場での個々の業務は便利になり、もはやコロナ前の体制には戻れない。新たなツール無しで業務はできない環境になってきているにもかかわらず、今まで企業の業務を支えてきた昔のシステムでは連携できないことが顕著になった。勘の良い企業は、先に述べた２０００年代に進めようとして進められなかったシステムの刷新の必要性にもう気付き始めている。

４．基幹システムを刷新するＤＸが進まない「ヒト」問題を逆手に取る

２０００年代以降にチャレンジしたＥＲＰ等による旧システムの統合化は中途半端な状態でシステムの刷新には至らないまま、コロナウイルスという外圧により半強制的にデジタル化が進んで職場の連絡ツールや対外的な繋がりが変わっていった。

こうした変化は、それまで企業を支えてきた従来の仕組みと連動せずに急場しのぎで導入されたものも多い。コロナウイルスの脅威が収まりつつある現在、対面によるコミュニケーションが復帰しつつある――とはいえ人々の暮らしぶりや働き方に対する価値観が完全にコロナウイルスによる社会変化する前に戻ることはない現在、改めて職場体制の再構築が求められており、新たな働き方や生き方を体現する人々の関係性を踏まえた企業としての在り方が問われるようになっている。

ＩＴ化[*7]／デジタル化は、こうした人々の関係性が大きく影響し合う企業活動の中で、本質

的な経営戦略として行うべきものであり、それがDXの本質である。小手先のシステム改変ではなく、**根本的な基幹システムの刷新は、企業のビジネスモデルをも変革させるものだ。**

ところが、このシステム刷新がなかなかスピードを上げて進められないのが現状である。その大きな理由として挙げられるのが人材不足だ。

企業は組織である。構成する人が変わっても事業は継続していくのが組織である。個々人が各自の機能を発揮するために現状の仕組みを理解し、システムを使いこなしていくことは比較的簡単にできるだろう。だが、そのシステムを抜本的に再構築するとなると話は別である。

組織も社会も、20年あれば世代交代が進む。知識も経験も価値観もすっかり入れ替わっていく。旧来の基幹システムについて、導入時の状況から構造的な仕組みを理解しているメンバーが企業の中にどのくらい残っているだろうか。

「システムを理解している」と言うとき、本質的な意味として、データの連携や処理方法などのＩＴの技術的要素以上に、その処理が働いている業務プロセスや企業としての方向性といった経営の根幹にも関わる構造の理解が重要となる。

現場の強みを最大限に活かそうと個別の改善を進め、旧来の基幹システムは課題が生じるたびにツギハギだらけの修復で使い続けてきた企業では、こうした根本的な業務プロセスに関わる重要な部分を理解しているメンバーが、情報システム部門にも、またその業務を進めている業務（ユーザ）部門にもいなくなっているだろう。業務プロセスを理解し、その構造を描けない人がいくら集まっても、業務の仕組みをデジタル化しＩＴシステムへと落とし込む設計はできない。属人的な組織は、人がいなくなるとたちどころに機能しなくなるのである。

見方を変えると、この状況はチャンスでもある。旧来のシステムを理解する人材がおらず、自分たちで業務プロセスを描けないのであれば、独自にこだわってきた現場の基準ではなく、世界的に標準化されている業務のプロセスに現場の仕組みを合わせていくことにより、基幹システムの構築を図ることができる。

業務システムの導入から20年以上の時間を経た企業では、このように考えて世界の標準化と足並みをそろえたＩＴ化／デジタル化を進め、結果的に企業の経営モデルまで刷新されるようなＤＸへと繋がっているところも増え始めている。

前章で、２０００年代は、日本の企業は現場の強みを活かす独自の進化により業務の標準化が進まずＥＲＰ等によるシステムの統合化が進まなかった一方で、海外の企業は現場のオペレーションについて標準化を徹底的に進めＥＲＰ等によるシステムの統合化が図られたことにより、企業としての国際的な競争力に大きな差ができたと述べた。

コロナウイルスによる半強制的な変革と並行しての深刻な人材不足にある日本は、今ようやく海外が進めてきた業務の標準化とシステムの統合化を視野に入れる段階に来たともいえるだろう。ここで重要となるのは、単純に海外のものまねをして従来のシステムや経営方針を放り出すのではなく、[*8] **これまで日本企業が強みとしてきた現場力をはじめとする企業価値を十分に理解し、自社としてあるべき姿を経営者と現場の管理者、従業員が意識を合わせていくことだ。職場全体、ひいては企業全体で目的が共有され、全社で同じ方向を目指して取り組みを進めることができて初めて、ＤＸが成功する**のである。

第3章　DX戦略・デジタル化はどうあるべきか

1．戦略なきIT化／デジタル化は淘汰される

ここまで日本企業のIT化／デジタル化の変遷をたどりつつ、業務の標準化やシステム統合、既存システムの刷新が成功できなかった背景やその要因を見てきた。

今はまさに基幹システムの再構築が必要とされるタイミングであるとはいうものの、現実としては、具体的にどのように進めればよいのか非常に悩ましいのが実情である。

先にも述べたように、旧来のシステムの処理プロセスを理解しているSE（システムエンジニア）や業務プロセスを十分に理解している業務部門の人材が企業において圧倒的に不足する中で、システムの再構築をどのように進めればよいのだろうか。

ITコンサルや経営コンサル、ITベンダーといった外部の専門家に丸投げしたところで決して解決には至らないことは誰にでも想像ができるだろう。地道に、企業全体で各部門の

メンバーが業務プロセスを紐解き、レガシーシステムにより何がどのように回っているのかを読み解いていく必要がある。

あまりにも基本的で、いわば当たり前の話である。このため、何を今さらと思う経営者も従業員も非常に多いだろう。しかし、企業の中で業務のプロセスを描けない部署がシステムの設計を進めることは絶対にできないという当たり前の事実を折に触れて思い出し、企業の体質として染み込ませてほしいところである。

地図を持たず感覚だけでどこかに行こうとすれば迷子になるだけだ。今稼働している業務のプロセスを描き、次に進める方向はそれらの業務をそのままの方法で進めることが会社の強みを維持することなのか、もっと標準化に磨きをかけて統合を図ることなのか、どの方向が自社にとって有益となるのか、自社の経営戦略を改めて練り直し、その手段の一つとしてのDXを経営者と事業責任者が一緒になって検討し、判断結果を全社で共有することが重要となる。

コンサル会社はよく「世界の潮流は標準化です。ベストプラクティスなスタンダードオペレーションが最適です。頑張って変革を進めましょう」などと説く。一般論としては間違っていないが、その理論が自社に適したものであるかは十分に検討しなければならない。

注意しなければならないのは以下の2点である。

・自社[*9]の業務プロセスの実態を知らずしてスタンダードオペレーションとの違いを整理す

ることは不可能である。まずは自社業務を徹底的に理解し、実態把握を行うところからスタートする必要がある。

- **常[*10]に経営者視点、事業責任者視点を失わないで戦略を講じること。DXを本来的な意味で捉え、IT化／デジタル化を経営改革の主軸に据えたとき、標準化がふさわしいのか、従来業務のオペレーションに特化した構造が重要なのかを経営戦略として意思決定する必要がある。**

己を知り、戦略を立ててこその標準化でありシステム統合なのである。

2．情報（データ）と経営（業務プロセス）の2軸で戦略を立てる

では、これからの日本企業は、どのようにしてIT化／デジタル化を進め、DXへと繋げていけばよいのだろうか。

これまで、日本企業においてERP等によるシステム統合化がコーポレートレベルで進めづらかったのは、現場の強みを打ち出すあまりオペレーションの標準化が促進されなかったことが一因だと述べた。

前章までの教訓を踏まえて考えていけば、大きくは二つの方向、すなわち経営判断に必要となる自社の業務のプロセスに関する方向と、ERPをはじめとするIT／デジタル化やシ

ステム統合といったデータに関する方向とに切り分けて捉え、前者に基づき経営戦略を構築しつつ、後者を踏まえて最適な具現化の方向を検討していくという道が見えてくるだろう。

海外企業は業務オペレーションの標準化と経営情報のタイムリーな収集を同時に進めることができたからこそERP等によるシステムの統合化が効果的に進んだが、日本の企業の場合は、やみくもにシステム統合ありきで検討するのではなく、まず両者、業務プロセスとデータを分け、それぞれの統合がどうあるべきかを検討する仕組みをつくることが重要である。

この検討をより効果的に行うフレームワークとして、CIO Loungeでは、経営（業務プロセス）の統合と情報（データ）の統合の2軸を掛け合わせた9象限のモデルを作成し、整理しやすくした（図表1－7）。

縦軸は情報（データ）の統合度で、次の三つのレベルで管理を整理する。

・全社レベルで業務を管理する
・事業や地域レベルで業務を管理する
・個別の部門や個社のレベルで業務を管理する

横軸は経営（業務プロセス）の統合度で、業務を三つのレベルで標準化（集約化）を整理する。

・全社レベルで標準化する

・事業や地域レベルで集約化する
・標準化は行わず、個別の部門や個社のレベルで統合する

従来の統合ERPは、業務オペレーションをコーポレートレベルで標準化し、ITシステムを一つに集約する。業務プロセスは一つに統合されるため、ITシステムは一つで稼働し、おのずと情報（データ）も統合された業務レベルで全社的にかつタイムリーに収集できるようになる。

しかし、情報を収集するためのみに必ずしも業務オペレーションを同じ方法に標準化する必要はない。全社で粒度やタイミング、精度などを的確に定めた情報の定義があれば、業務オペレーションの方法が異なっていたとしても、そこで発生した情報（データ）はルールに則って収集することにより管理が可能となる。

つまり、オペレーションの標準化が経営課題でないのであれば、一つのITシステムで動かさなくても経営者が必要とする情報（データ）の収集は可能であり、システム統合化までは行う必要がないわけだ。

業務オペレーションをどのレベルで標準化するのか、またデータはどのレベルで統合する必要があるのかを、それぞれの軸を3段階に区切った9象限で整理できれば、システム統合ありきの実態にそぐわない検討を進めなくてもよいわけだ。

図表1-7　データの統合と業務プロセスの統合

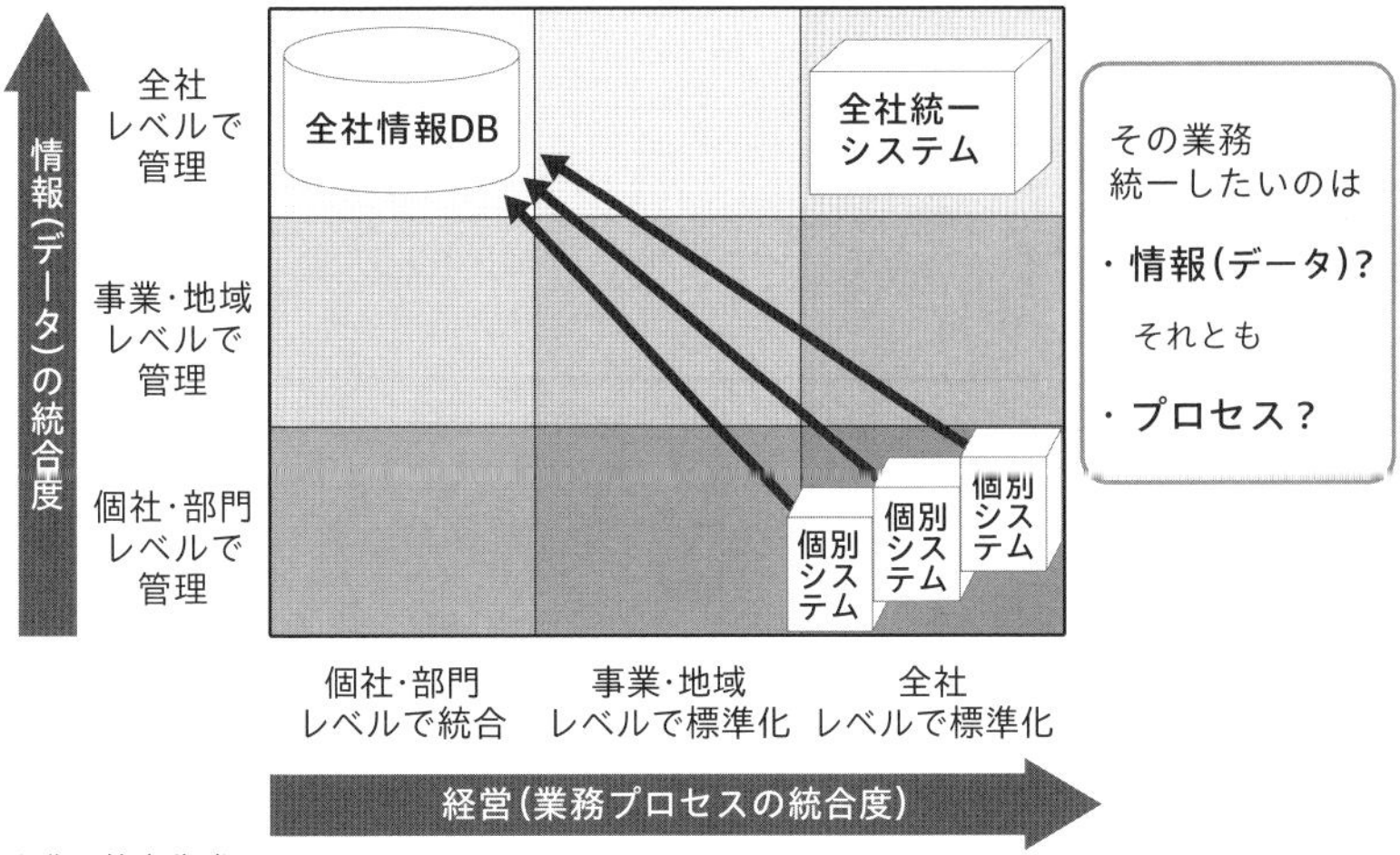

出典：筆者作成

すべての業務オペレーションを統合しなくても、決算業務は全社で標準化する、調達業務は全社で集約して一つで行う等ができれば、システムを標準化または一本化すればよく、生産管理の方法は各工場の特性に応じて現場力により個別にオペレーションできる。その日に出来上がった商品の生産量は日本時間の17時にすべて集めるなどのルールを構築することにより、工場別に最適な生産システムを導入し、日々の出来高情報を本社で収集することができるようになり情報共有を行うという方法も可能となるだろう。

自社の実態として、どの業務のプロセスを全社レベルで標準化するのがふさわしいか、また事業レベルで標準化するのか、企業の経営課題や業務の状況をよく把握していこう。自社の状況を判断し意思決定を行うために必要な情報の収集単位は、全社レベルでの判断か、事業レベルの判断かを、両軸から整理してみてほしい。

この整理は、経営者（社長、取締役等）と各事業や業務責任者（執行役員、各事業責任者等）が行い、判断・意思決定を行う必要がある。標準化や集約する必要がない分野を統一化しようとしても、思うように進まない上、多大な経営リソースを費やして無駄をつくった揚げ句、業務そのものがうまく進まなくなってしまうかもしれない。自社に適したものであるかは十分に検討を重ね、納得できる判断と決定を行ってほしい。

3．ビジネスを変革するデジタル戦略（BX by D）

数多くの経営者がＤＸの推進に関する必要性を感じ、「ＤＸを進めたい」と強く要請される。しかし、前章で述べたように、「デジタイゼーション」（データのデジタル化）も「デジタライゼーション」（業務のデジタル化）も含めた十把一絡げの状態で「ＤＸ」が語られている実態があり、勘違いした企業も多いのが現実である。

デジタル化そのものは、進んでいるならば良いことである。ＤＸの推進に焦る企業の経営者やＣＩＯあるいはＣＤＯ（最高デジタル責任者）と呼ばれる人たちに対しては、「デジタイゼーションにしろ、デジタライゼーションにしろ、デジタル化の推進を行っていること自体は評価されるべきで、何も手をつけずIT化やデジタル化からどんどん取り残されていくよりはよほど良いことだ」と話している。

しかし、真の「DX」にはX、すなわちトランスフォーメーション（変革）がついていることは忘れずにいたいところだ。変革は、これまで企業が進めてきたことに大きな変化をつくる、体質が変わるほどの大きな変容を起こすような改革を行うということである。

何度も言うが、単純にこれまで手作業で処理してきたことをデジタル処理へ切り替えるのがDXではない。**企業DX[*11]は本来「ビジネスを変革する、そのためにデジタルを活用する」というものである。言い換えれば、日本では「BX by D（ビジネストランスフォーメーション byデジタル）」と表現するべきであったはずだ。**が、実は誤解が少なかったのではないかと考えているほどである（図表1－8）。

DX[*12]を進めるにあたって重要なのは、変革により企業の新たな側面を引き出し、ビジネスモデルを変容させる取り組みを進めることだ。

企業が新たなビジネスモデルを構築する場合、企業にとって向かうべき方向は「企業の使命」、すなわちミッションに基づく取り組みを進めていく必要がある。ここを間違った方向にしてしまうと、企業には大きなリスクが生じかねない。

では「企業使命」とは、具体的にどのようなものだろうか。

ひと言で言うと企業使命とは、「社員が目的を迷わず、価値観を共有して、会社が目指す将来像の実現を進めていけるもの」である。

事例により、理解を深めていこう。例えば、おのおの異なった企業使命を持っているビルの清掃会社が2社あるとする。両社の使命のどちらが良いかを議論するものではなく、異なる使命を持つ清掃会社が2社あると考えてほしい（図表1－9）。

A社の使命は、「効率よくビルをきれいに清掃し、より安くサービスを提供し、お客様のご満足を得る」ことである。これに対し、B社の使命は、「お客様が気持ちよくお仕事をしていただけるビル環境を提供し、企業や社会へ貢献する」ことである。

ある朝、ビルのトイレに行くと、A社の清掃員が清掃をしていた。「申し訳ございません。今掃除中なので終わってからまた来ていただけませんか」と言う。A社は、安く早くきれいに掃除をするという企業使命である。したがって効率の観点から、この社員は正しい判断をしたといえる。

今度はB社が掃除しているトイレに入った。すると、「どうぞお使いください。床が濡れているので滑らないように注意してください。ごめんなさい、ご迷惑をおかけします」と言う。B社は利用者に気持ちよく施設・設備を使っていただけるようにという企業使命を持っているため、B社の清掃員はそのような判断で振る舞ったのである。

先に述べたように、どちらの企業使命が正しいのかを論じたいのではなく、企業使命は異なるものであり、それぞれの企業の価値理念が反映されているということが重要である。

図表1-8　DXの定義

一般的な理解として……

Digitization　デジタル化

Digitalization　デジタルにより**プロセスを変える**

Digital Transformation : DX　デジタルにより**ビジネスモデルを変える**

私の理解は

DX は BX by Digital

└Business Transformation

ビジネスの転換をデジタル技術を活用して実現すること

例）作業機に通信機能を追加＝製造原価／通信費用増

でも、お客様や業界の将来のビジネス拡大への貢献

⇒ 業界の成長で社会が豊かになり、将来商売は拡大

ここで、もしA社がDXを推進するとすれば何を考えるだろうか。掃除の効率化をさらに推し進めるための新たな技術の導入として、例えば自動掃除ロボットや汚れセンサーの実装・管理などでDXを進めることを思いつくかもしれない。一方、B社であればどんなDXを推進するだろうか。使いやすく気持ちよい環境が提供できる機能として、例えば顔認証機能により利用者が好きな曲を自動的に流す、自席にいながらトイレの使用状況がスマートフォンで確認できるなどでDXを進めるかもしれない。

このように、その企業が果たすべき使命に基づく中でDXを考えていくということは、すなわち経営戦略そのものといえるのである。

図表1-9 企業使命の具体例

企業が存在する目的を明示し、社員一同が活動する価値観を共有し、判断を迷わず進めていけるか否か

例えば、ビル清掃の会社において

A社の使命 「効率よくビルをきれいに清掃し、より安くサービスを提供することで、お客様(依頼先)のご満足を得る」

B社の使命 「お客様が気持ちよくお仕事をしていただけるビル環境を提供することで、企業や社会へ貢献する」

↓

ある日の朝の出来事……
ビルの社員がトイレに行った際、ちょうど清掃会社の人がトイレの掃除をしていた。トイレに入ろうとした際

A社の人 「ただ今掃除中のため、終わってから来ていただけますか」
⇒この方はA社ではもっとも掃除が早くかつきれいで最高の評価

B社の人 「どうぞお使いください。床が濡れているので、滑らないように注意してください。ご迷惑をおかけします」とその方を受け入れた。
⇒A社の方と比べると清掃時間は長くなるが、
B社の企業使命に合った行動をして最高の評価

出典：筆者作成

4．デジタル化時代に沿った組織改革が必要

本章の2．「情報（データ）と経営（業務プロセス）の2軸で戦略を立てる」の節で、業務プロセスの統合度とデータの統合度を「全社レベル」、「事業・地域レベル」、「個社・部門別レベル」の三つのレベルに分けて9象限に整理する必要性について述べた。

これら業務プロセスとデータを真剣に整理し、真摯な事業戦略に落として実行するため、現在の企業の組織形態をバイアスのない目で見つめ直し、明らかにしていく必要がある。

日本企業は、戦後からの経済拡大の軌道に乗り、組織を細分化し機能別の縦割り組織を構築してユニット化することにより、大企業の規模であっても責任の所在が明確で、各部署がなすべき業務を迷いなく定め、企業として統括しつつ歩むことができた。

しかし、これからのデジタル時代においては、業務プロセスがデジタル化により瞬時に補足され、組織は細分化する必要なくリアルタイムに情報が共有されていく。部署が横断的に連携することにより、活用すべき情報は複数の組織にまたがって広がり、より発展的に活用されることとなり、企業の経営スピードがさらに高められていくのである。

ここで一つ注意が必要なのは、デジタル化の仕組みにより連携や共有が広がっていくこと

で、業務プロセスの成果に対する責任や、データの取り扱いに関する責任が、単一部署では明確に持てなくなってきていることである。

例えば2000年頃までは、コピー機や複合機、通信機器は多くの企業で総務部門が管理を担当してきたが、今ではインクや紙の補充といった設備のメンテナンスは総務部門が続けたとしても、通信連携や認証、情報連携といった情報関係は情報システム部門が担うといった具合に分担している企業が大半だろう。つまり、従来は一つの部門が統括管理し、備品置き換えなどの意思決定も単独で行えたところが、今では複数部門の意思を踏まえ、連携して進めていかねばならないのだ（図表1－10・11）。

例えば3次元CAD情報やEBOM（設計部品表）の情報は、かつては設計開発部門が責任をもって決めることが多かったところだが、今では製造や営業、さらにはサービス部門においても非常に重要な情報となっており、設計開発部門だけで情報管理を判断・決定できるものではなくなっている。こうした状況がさまざまな領域に広がる中、残念ながら横串を刺し組織を横断して全体でプロセスやデータを管理したり、経営視点で意思決定できる人物も部門も定義されていない企業がいまだ大半といえよう（図表1－12）。

一歩先を行く海外の企業では、2000年から業務プロセスもシステムも統合が進んでおり、それに応じた責任体制が構築され始めている。例えば、生産から販売までのサプライチェーンプロセスを管理する部署や役員（プロセスオーナー）、複数事業にまたがってお客

図表1-10　デジタル化による企業内組織役割の変化①

従来は各企業の **総務部門** が進めていた

デジタル化により大きく変化

出典：著者作成

図表1-11　デジタル化による企業内組織役割の変化②

企業の現場作業の効率化は **現場** で推進していた

OTとITの融合によるデジタル化の強化

出典：著者作成

図表1-12　デジタル化に必要な部門の「壁」の見直し

顧客情報は **営業** が必要	設計情報／部品表は **技術部門** が必要
しかしデジタル時代、IoTによる情報は 技術／品質／サービス／商品企画 等 多くの組織で非常に重要な情報	しかしデジタル時代、3次元データや部品表は 工場／営業／サービス 等 多くの組織で非常に重要な情報

従来の組織の役割／枠／壁を見直すことがデジタル化推進には不可欠

出典：筆者作成

様情報を管理する責任者（データオーナー）等が設置され始めているのである。

このような先人の取り組みも参考に、自社の組織構造や業務プロセスを見直し、従来の縦割り構造からの変革の必要性について、会社を挙げた戦略をもって議論し進めてほしい。

5．経営・事業・ITの「三位一体」でデジタル化を推進

ここまで読み進めただけでも、自社の現状について、相当の対応が必要であると感じていただけたのではないだろうか。

このように、経営戦略[*13]を踏まえたIT化／デジタル化ひいてはDXを推進するには、CIOやCDOだけが号令をかけても実現は到底不可能である。経営層と事業を管理する現場、さらにはIT／デジタル推進部門が力を合わせ、「三位一体」で進めなければならない。

図表1-13　三位一体でのデジタル化推進

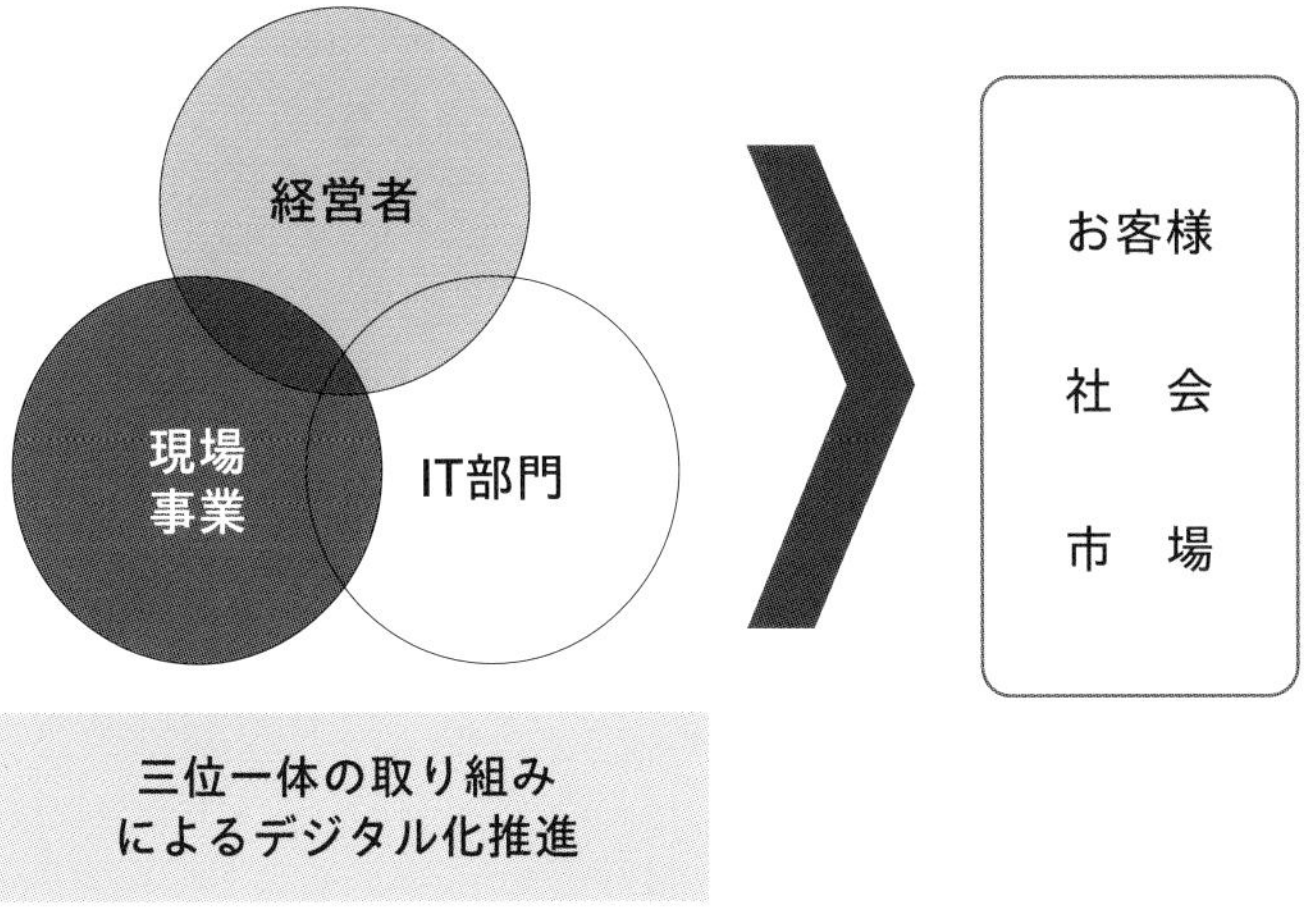

出典：筆者作成

さらに言えば、昨今の企業の経営戦略としては、ＳＤＧｓやＥＳＧ経営といった持続可能な取り組みに関する対応も必要とされている。また、経済産業省からは「人的資本経営」の重要性が示され、各企業においては従来の財務情報の開示だけではなく、非財務情報の開示が強く求められてきている。

こうした状況の中で当然ながら各企業は、投資家や株主に対し、企業戦略として持続可能な事業や人的資本経営などに関する活動を広報してきている。しかし、それらの取り組みを一元的に管理するＩＴシステムは、ほとんどの企業でまだ構築できていないのが実情だ。CO_2の排出量はようやく管理され始めてきたところだが、その他の多くの情報は従来の企業のコンピュータで管理されていた数字や文字の情報ではなく、非構造化データといわれる情報の中にあり、これらの管理も今後は重要になってくる。まだほとんどの企業の情報システムでは管理できていない今だからこそ、ESG経営やパーパス経営、健康管理経営などの次世代の経営戦略に沿ったシステム統合を行い取り組みを推進するチャンスだといえよう。

危機的状況を感じる世界後進の日本企業だからこそのIT化／デジタル化を行い、世界での競争力を取り戻す機会としてほしい。

（執筆担当　矢島孝應）

矢島孝應　1957年大阪市生まれ。大阪教育大学付属平野幼稚園から中学校、甲南高校およびホーレスマン ハイスクール（ニューヨーク、USA 1年留学）、甲南大学 理学部 経営理学科1979年卒業。同年松下電器産業（株）［現・パナソニックホールディングス（株）］入社。三洋電機（株）を経て2013年1月ヤンマー（株）入社。その間、アメリカ松下電器5年、松下電器系合弁会社取締役3年、三洋電機（株）執行役員、関係会社社長3年を経験。ヤンマー（株）入社後、執行役員ビジネスシステム部長就任。2018年6月取締役就任。2020年5月退任。2019年NPO法人CIO Loungeを設立、理事長就任。ウイングアーク1st社外取締役、ローム（株）顧問、（株）ゆうちょ銀行 リスク委員会外部専門委員、甲南大学非常勤講師を兼任。

第4章　ＣＩＯは何をすべきか――各ステークホルダーとの関係性

1．遅れたが、遅すぎることはない！（It is late, but not too late!）

前章まで、日本企業が置かれているＩＴ化／デジタル化の変遷や現状、背景となる要因や課題を整理した上で、将来を見据えたＤＸ戦略など企業のさらなる発展に向けた取り組みや考え方について見てきた。

では、こうした将来像を実現可能なものとするためには何をすべきなのだろうか。

ここで鍵を握るのが、ＩＴ部門を取り巻くステークホルダー、すなわち、経営者、現場部門、ＩＴベンダー等との関係性である。ここからは、ＩＴ化／デジタル化を加速させていくために必要なステークホルダーとの関係について見ていくことにしよう。

さらに第2部では、本章に示すキーパーソンたちの具体的な取り組み事例として、日本のＩＴ先進企業を牽引してきた企業のＩＴ責任者の声をさまざまな角度から紹介していく。社内のＩＴ化／デジタル化及びＤＸの強力な推進力として参考にしていただきたい。

これまで見てきたように、日本では、２０００年代からＩＴ化／デジタル化に後れを取っている。世界における日本のデジタル競争力は年々落ちる一方である（２０１９年の23位から年々落ち２０２３年は32位）。だが、諦める必要はない。行動を起こすのに遅すぎることはないのだ。

状況挽回のために直視すべき課題として、ＩＴ部門とステークホルダーとの関係性が十分に良好なものになっているかを確認してほしい。残念ながら、両者の間で十分な相互連携が醸成できていないのが現状ではないだろうか。反目し合っている状態ではないからといって油断はできない。必要なのは、経営と事業・ＩＴが「三位一体」となって企業を発展させるほどの良好な関係性なのである。

企業においては、ＩＴを活用し、経営改革や現場改革、さらには、新たなビジネスモデルの構築などを進めていかなければならない。そのためには、「経営課題」、「現場課題」、「市場ニーズ」など、経営強化に向けた企業課題に対する広範囲な認識が必要となる。また、これらの課題を解決するためには、多様なＩＴ（テクノロジー）の活用が必須であり、これらテクノロジーのケイパビリティ（機能／能力／実現可能性）を理解しておかなければ実現は不可能である。

しかしながら、一人で経営課題とITテクノロジーの双方をすべて理解し判断できる人間は非常に少ないのが実情である。そこで、それぞれのスペシャリストが相互理解を行う連携が重要となる。複数の人間が一つのチームとなって経営課題とIT技術の両輪を回し、企業の最適化を図る。このために、IT部門を取り巻くステークホルダーとの関係性を良好に保ち、総合力で実現していく体制が必要となるのである。

例えば、ITテクノロジーのケイパビリティについての理解が不足する経営者や現場責任者からは、「君らは専門家なのだから、あとはしっかり推進してくれ」と大雑把《ざっぱ》な指示が出されるだけの「丸投げ」で任せてしまう場合が考えられる。

指示を受けたIT部門にしてみれば、経営者や現場からの要求が本質的に何を指しているのか理解できず、身動きがとれないだろう。どのように対応すればよいのか判断ができないまま対応を遅らせる、見切り発車して方向性を誤るなど、良い結果を生むことは奇跡に近い。ITベンダーにとっても、担当者から企業内の真の課題や現実に成し遂げたいゴールを聞かされないまま丸投げで請け負えば、方向性がぶれてくるのは目に見えている。成功とはほど遠い結果になることは想像に難くない。

経営課題[*14]、現場課題、市場課題、社会課題、技術課題など、360度すべてを一人や一部門で正確に把握することは困難である。だからこそIT部門は、ステークホルダーとの関係性を見直し、より強固な連携を作り上げていく必要があるのだ。

前章でも申し上げたように、経営層、事業部門、ＩＴ部門が互いの理解を高め合い、「三位一体」でＩＴ化やＤＸを推進しなければ企業改革を実現することなど不可能だろう。関係性の見直しとは、この連携のため、実際の状況を過不足なく認識した上でよりよい関わりとなるよう改良していくことである。

2. ＣＩＯは経営層とＩＴ部門との架け橋になる

ＩＴ部門と経営者の理解にはギャップがあり、経営者が必要性をなかなか理解してくれない。そんな繰り言をＩＴ担当者から聞くことがある。だが、果たして本当にそうなのだろうか。

経営者は、事業ひいては企業としての発展を主目的にして経営目標を立てる。その目標は、大きな方向性であり、具体的な個別の計画にブレイクダウンする際に目指すべき上位の構想である。この構想段階において、直接ＩＴにおける対策がトップダウンで指示されることは極めて稀である。たいていの企業は、経営者が掲げた目標を達成するための実行計画が、事業部門などの現場に任されることによって具体的に推進されるはずである。ＩＴに関してもこの流れは同じである。すなわち、デジタルを企業としてどのように活用するかは、もっぱら事業部門の目標達成に向けた方法論として扱うべきものであり、ＩＴの存在価値そのものを議論の俎上に載せる必要はないのである。

経営者がＩＴの活用に関して特段の言及をしなかったとしても、そのままＩＴ化やデジタル化を軽視している、ＩＴ関連業務の価値を認めてくれていない、ＩＴが必要とされていないといった評価に繋がるものではないのだ。ＩＴ関連への理解が乏しく「ＩＴのことはよくわからない」と公言する経営者の前ではうなだれてしまいがちだが、マイナス思考になる必要はまったくない。どのような経営者であっても目標達成にＩＴが必要であることは自明の理だと考えている。ただ、よくわからないのだ。ＩＴは道具であってそれを活用するのは現場。現場の知恵に任せたいと考えての丸投げだといえよう。

ＩＴ部門[*15]は経営層に対し、さまざまなＩＴテクノロジーの活用により、素早く効果的な目標達成を実現する方法論を立案また提案していく必要がある。納得度の高い提案となるよう、事業部門との協力が不可欠である。事業目標とＩＴ計画がうまく絡み合い実現可能性の高いものであれば、当然、経営者も正しい判断を行い、ＩＴへの理解も向上するのではないだろうか。

さらに、企業の発展をより高度なものへと展開するためには、全社的な視点でのデータの活用や人的資本の高度利用などが必要になる。これらの対応には、事業目標の実現を超えた、さらなる高次元の意思決定が求められるだろう。実行性ある高度な資源活用のためにIT部門としていかに貢献するか。テクノロジーの枠を集めた実現方法を編み出さねばならないだろう。無論、これらの課題は、経営者と直接議論しなければ始まらない。将来を見据え、どのような会社を目指すかを念頭に、積極的に経営層に働き掛けたいところである。

DXの取り組みも同様である。前章で解説した「BX by D（ビジネスを変革するデジタル戦略）」でなければ効果がない。IT計画を推進するCIOは、この意味と重要性を十分に汲み取った上で経営者と共有し、将来の企業としての在るべき姿やその実現、さらなる成長を図るために何が必要なのかを、積極的な対話により顕在化させていくという重要な役割を担っている。ビジネス・トランスフォーメーションはその議論の先に可能性が広がるものである。

昨今の社会的要請を鑑みると、SDGsやESG経営、人的資本経営といった、これまでの単純な収支や定量的データでは解決しきれない包括的解決を求めるテーマが増えてきている。エンゲージメントのような非定型データやAIによる解析など、複雑で多岐にわたるITと膨大なデータをどのように活用するのが自社にとって最適なのか、経営者のビジョンをよく聴きつつ議論するとよい。これらの取り組みは、事業部門だけでは解決できない高次元の全社的課題である。これまで経営者とコミュニケーションの機会が少なかった部門にとってはむしろ「今はチャンス」と考え、積極的に働き掛けてほしい。

3．現場とIT部門との関係を良好に保つ

次に、現場（ユーザー部門）とIT部門の関係性を見ていこう。あなたの会社のIT部門は、現場に信頼されているだろうか。現場の各部門とIT部門が敵対関係になっていないか、素直な目で観察してほしい。

「ユーザー部門が勝手にITベンダーとITプロジェクトを推進してしまう」という悩みをよく聞くが、これは現場がIT部門を信頼していない証しだと真摯に受け止めてほしいところだ。ユーザー部門は事業をよりよくし成果を上げたいと常に考えている。システム改良も、事業の効率化を思って要望を出している。なのに、IT部門に対して相談すると、やれセキュリティだ、既存の他のシステムとの連携だと、改良する場合のリスクばかり挙げてくる。できない理由を数えて後ろ向きに足を引っ張っているだけではないか。こんな面倒でややこしいIT部門の言うことを聞いていると事業がいつまでも前を向かないから、自分たちでシステム修正できる外部業者に頼んだほうが会社のためだ。現場がこのように考えても不思議ではないだろう。

このように不信感を抱いてしまった現場から信頼されるにはどうすればよいか。このときに必要なのも、理解と共感による関係性の改善である。

ＩＴ部門は、現場（ユーザー部門）が何に悩んでいるかを十分に理解しているだろうか。現場は何に価値観を置き、どのような成果を出したいのか、その成果を通じて企業として何を成し遂げようとしているのかを、十分に共有しているだろうか。

向こうから要望を出してくるまで待っているのは論外である。特にＩＴとして何が必要とされているのかは、現場ではわからないからこそ課題を抱えているといえよう。現場から質問や要請がないのは、理解できているからでなく、どこがわからないのかすら理解できていないからだと心得ておきたい。

ＩＴ部門から積極的に現場の各部門へ働き掛けてコミュニケーションを図り、現場部門が漠然と持つ悩みが本質的にどのような課題を抱えているのかを明らかにし、ＩＴでどのような解決に持っていけるのかを一緒になって考えるところから始めて、やっと提案が受け入れてもらえる信頼関係に繋がっていくのである。

もし、セキュリティや他システムの関係性からユーザー部門の考えるデジタル対応には問題があるとしても、それを理由に現場の考えを否定することは厳に慎むべきである。もちろん、セキュリティや情報管理などの重要なテーマは、何が問題となるのかをよく説明して理解を得る必要はある。だが、その[*16]**問題を提示する前に、まずは現場の考えに共感することが重要だ。現場の価値観や目標、実現に向けた方向性を理解した上で、同じ視点に立って一緒**

に解決に向かう協働関係を築く姿勢を示せば、現場からの信頼を得る第一歩となるはずだ。

実現は難しいかもしれないが、ユーザー部門と常時繋がり問題解決を検討できる組織体制を常設することも検討すべきである。できれば、ユーザー部門に先行して問題を顕在化させ、それを踏まえた有効なソリューションをIT部門が提案し、協同で検討・採用する仕組みにすることにより、人員配置戦略以上の改善が可能であることを提案してはいかがだろうか。

現場はプライドを持って仕事をしている。改善には積極的に取り組む姿勢は持っていても、過去の成功体験が邪魔をして、業務フローの急激な変更には消極的になりがちである。全体最適で効果のある組織改革のためには、IT部門の持つ知見や手法に大きなメリットがあるとの自負をもち、ユーザー部門の気持ちを最優先に考える提案を行うとよい。

このとき、ITベンダーとの関係性においても留意が必要となる。ユーザー部門からの直接相談を行う際に、可能な限りITベンダーとの事前相談が行われるよう、お互いの関係性を強化してほしいところである。初めて取引するITベンダーでは難しいだろうが、これまでのやり取りである程度の関わりを持つようになっているところとは、社内の各部門と同様の信頼関係を結ぶ努力が重要となる。

ユーザー部門、ITベンダー、IT部門による「三位一体」で信頼関係を強め、成功体験を重ねることにより、セキュリティや情報管理など難しい課題に対しても、自然な形で必要な情報共有ができ、信頼関係のもと互いに納得できる適切な判断に繋がっていくだろう。

4．ITベンダーとパートナー関係を築く

プロジェクトのスタート当初は友好な関係であったはずのユーザー企業とITベンダーとの関係性が、プロジェクトが進むにつれ敵対関係になり、場合によっては係争にまで発展することがある。

ウォーターフォール型の開発では、要件定義において曖昧さを残したまま開発を進めて、現場で動かないシステムになったと酷評されるトラブルもよくある。これを改善しようと追加の開発作業が積み上がり、開発期間や工数が大幅に増加した結果、責任追及の争いが一層混乱に拍車をかける。最悪の場合、プロジェクトが瓦解してしまい、せっかくのシステムが破棄される事態にまで追い込まれてしまう。時間と労力のロスだけでなく、プロジェクトに関わった双方の担当者に大きな傷痕を残し、信頼関係を失うことにもなりかねない。

さて、このような「あってはならない状況」は、いかにすれば回避できるのだろうか。

まず、ユーザー企業においては、過度なITベンダー依存や発注者優位の「上から目線」をやめるべきである。また、ITベンダーにおいても、仕事をいただいているのだから、少しの無理は受け入れようとする「下請け態度」も改めるべきだ。

ユーザー企業とITベンダーは、プロジェクトの上ではあくまで対等の立場である。互い[*17]

を信頼し、支え合うパートナーだと認識することが重要だ。互いの信頼関係に基づく適切な認識でプロジェクトを遂行するための理解と共感を持ち、信頼するからこその課題の深掘りと緻密な要件定義を行う必要がある。

ＩＴベンダーはシステムのプロではあるが、業務のプロではない。また、現場は業務のプロだが、その要望は必ずしも業務を改善する目的に最適とは限らない。両者の特性をよく理解し、システム導入を決定したときに目指した「システム導入後の理想像」を基本とし、それを実現すべく、信念を持って互いをリスペクトしながらプロジェクトを推進しよう。

◆プロジェクトの失敗は多くの場合、ユーザー企業に起因する

プロジェクトの失敗事例は枚挙にいとまがないが、それら失敗の原因は、ユーザー企業側に起因するものが多くある。特に、システムの導入自体が目的化されるなどゴールが曖昧になったプロジェクトでは、何を目指すのか方向性が見えなくなり、判断基準が曖昧になっている。そのため、プロジェクト推進リーダーは重要な判断ほど迷いがちで、ＩＴベンダーの提案に頼ってしまう。いわゆる、ＩＴベンダー丸投げ状態である。こうなると、プロジェクトが詳細設計に入るにつれ現場の要求との乖離を対症療法的に収めようとして開発規模が増大する。

このような事態を避けるためには、開発開始前のグランドデザイン時点での体制づくりが

重要となる。システム導入の目的を明確にし、問題発生時の解決ルール、プロジェクトオーナーと最終判断者、進捗会議の開催方法など、プロジェクトの運用プロセスに関するルール（プロジェクト憲章）を決め、それをバイブルにして、問題があれば基本に返る体制を作ろう。**プ[*18]ロジェクトの方向性を決定する判断はユーザー企業が行うべきである。ITベンダーに任せているのだからとタイムリーな判断を怠ったり、忙しさを理由に判断を先送りにしたりすることが、後々大きな食い違いとなり、プロジェクトの失敗に繋がるのである。**

問題の芽は小さなうちに摘み取るべきだ。開発現場の運営がスムーズになるよう、ユーザー企業の責任者は積極的にプロジェクトに関与しよう。

◆ロスのないプロジェクトマネジメント

大きなプロジェクトであるほど、どんなに注意しても問題は発生する。この問題は後回しにしないことが重要である。ユーザー企業、ITベンダーの双方の開発者（責任者）が協力し、問題が判明した時点で情報を共有して、プロジェクト憲章に則り迅速に判断する。開発現場の流れが滞ることのないようにマネジメントしよう。

解決を後回しにすることは、ストレスをためることになり、積もり積もればお互いの不信感を増大する要因にもなる。また、大きな手戻りに繋がることにもなり、プロジェクトの成功の足を引っ張る恐れもある。常に現場の最新状況を共有し、無駄や無理が発生しない臨機応変なプロジェクトマネジメントを心掛けたいところである。

マネジメントのまずさは、プロジェクトリーダーのパワーにも影響する。毎週の進捗会議上で問題となった事案発生の報告を行う姿をよく目にするが、こうした問題は定例会議で解決すべきものではなく、問題発生と同時に現場で解決すべきものである。定例会議は、問題発生の報告会や改善点の発表会ではなく、今後の進め方の意思統一など、前向きな議論に集中させ、終わったことの資料作成など無駄な労力を削減すべきだろう。

迷ったときは、当初の「プロジェクトのルール（プロジェクト憲章）」に立ち返り、「これでよいのか」と開発に向かう姿勢を見直すことが重要である。達成すべき事項に対して、この要望は絶対必要な要望か、それともあったほうがよい程度の要望かを吟味し、極力シンプルなシステムを目指そう。また、現場ユーザーの発想は現在の業務の状況から必要性を判断するため、システム導入後の業務の在り方に合致していない場合もあることにも意識を向けておきたいところである。

◆POCについての注意

最新のツールの機能確認におけるPOC（プルーフオブコンセプト：概念実証）にも留意が必要である。

新しい機能の採用に際し、POCを行ってその有効性を検討する工程は当たり前になってきている。このとき、ＰＯＣは採用してもらいたいＩＴベンダー側の営業コストであり無償が当然と考えているユーザー企業は多い。特に、経営戦略部門や事業本部など、ＩＴ部門以外で先行検討を行う場合にこの傾向は顕著に表れる。

しかし、ＩＴベンダー側においては、ＰＯＣにも当然人件費などのコストがかかっている。ベンチャー企業などになると少なくない手弁当での対応になっている。稀には、採用してもらえると誤認した企業が入れ込み過ぎて大きな負担となり経営に影響する場合もある。どこまでが無償でどこからが有償になるか、ＰＯＣに着手する前に互いの認識合わせを行ってほしい。少なくともユーザー企業は、ＰＯＣの期間にもＩＴベンダー側に人件費はかかっていることを認識すべきであり、できれば人件費相当の保証は行うべきだ。ＩＴ部門以外でＰＯＣを行う場合は、関係部門に注意を促していただきたい。

5．まずはＩＴ部門の意識改革を！

現場のことはわからないというＩＴ担当者がよくいるが、本当にそうだろうか。現在では、ＩＴを活用しない業務はほとんどないし、運用管理しているのはＩＴ部門だ。そのシステムは現場の業務フローに沿って開発されている。現場は、そのシステムで業務を行っているわけで、つまり、システムを通じて現場の理解を得ているといえるだろう。

現在のＩＴ部門は、多くのシステムを抱え分業化が進んでいる。残念ながら、自分の担当するシステム以外には関心を持たず、他の担当者が管理するシステムは知らないという向きも見られる。

もしあなたがＩＴ部門の責任者なら、まず足元のＩＴ部門自らの変革を推進し、「信頼されるＩＴ部門」を目指してほしい。

◆情報システム部員のあるべき姿を考えよう

ＩＴ部門は、ＩＣＴを活用し会社の発展に寄与する部門である。そのために、最新のＩＴを研究し、よりよい環境を提供し続けなくてはならない。現場のことがわからない、経験がないというのは言いわけにすぎないのだ。業務は、システムフローを当てはめて考えれば、現場の訴える意味や現状の善しあしは、そこそこ見当がつくものである。

近年の分業化された業務プロセスでは、現場の情報は自分の担当範囲周辺に限定される。このため、全体の流れを俯瞰して理解しづらい場合も多い。業務プロセスの前部門が正しい情報を入れないため、自分たちの業務がスムーズに行えないとこぼす愚痴にはこうした背景がある。

だからこそ、ＩＴ部門の存在意義があるともいえよう。ＩＴ部門は、業務システムを通じて全体を俯瞰できる唯一の部門であるともいえるのだ。業務フローに照らし合わせて、現場の要望が本当にスループットを向上できる対策なのか、前後のプロセスに無理を生じさせるような部分最適になっていないかなど、全体を俯瞰した視点で考える姿勢を持ち続けよう。その上で、現場全体に最適な案を提案し、現場の各部門の視点を共有しながら一緒になって解決する姿勢を見てもらうようにすれば、「信頼される情報システム部」になる道は近い。

このとき、重要なのは、常に相手の立場に立ち活動することである。現場の業務を行っている人たちは、真剣に業務に取り組み、さらなる改善を行い、会社に貢献したいと考えている。つまり、プライドを持って日々業務を行っているのだ。

社内ユーザーに対するリスペクトを失っていきなり改善案を提示しても、聞く耳を持ってもらうことはできないだろう。相手の立場をよく考え、その立場に立った、共感を得られるストーリーでの提案が必要である。無手勝流では現場の厚い壁は決して破れないことを認識してほしい。

◆リーダーとフォロワーの関係を考えよう

ＩＴ部門では、大小さまざまなプロジェクトが同時並行的に行われている。このプロジェクトにおいてリーダー（方向性を決めて全体のプロセスの流れを示す）とフォロワー（ビジョン達成のための具体的な計画や手法を実行する）の関係性についても目を向ける必要がある。

最新のリーダーシップは、単に支配力や権威を行使して指揮するだけでなく、チームや組織のメンバーと継続的なコミュニケーションを行い、相互理解を深め、共同で目標達成に向けて協力するコラボレーションスタイルが求められる。

グローバル化やデジタル化が進展する現代社会においては、柔軟性や能動的な変化対応力、社会的洞察力なども求められ、変化に対して臨機応変に対応することができることが必要不可欠といわれる。

従来のリーダー像は、強力なパフォーマンス力でチームを推進することが評価されてきた。こうした背中を見せることも重要ではあるものの、昨今の複雑化・分業化された業務形態では、リーダーの推進力だけで良い結果を出すことが難しくなっており、フォロワーであるチームメンバーの力をいかに引き出すかにかかっている。サステナビリティや多様性といった新しい価値観に対しても目を向け、フォロワーの力をいかに引き出すかが求められているのである。チームメンバーが自由闊達に意見を出し合い、その相乗効果でよりよいアイデアを発掘できる環境づくりを目指してほしい。

一方、フォロワー側としても、自ら積極的に意見を出し、活発なチームを目指して参画するコミットメントが重要である。どのような意見であっても、その中には新たな発見のヒントが存在しているものだ。多様性を尊重したチームづくりには、他者の意見を聴く姿勢が不可欠である。また、活発な意見を出し合う場では、他者の考えや発案を否定する言動は厳に慎まなければならない。話の途中で口を挟んだり評価を行ったりすることなく、最後まで意見とその背景にある考えを聞き出そう。共感を持った傾聴により、発言しやすい環境をつくることが重要である。

絶対に慎むべきなのは、方向性が決まり合意をとった後に文句を言うことだ。会議室を出た途端にブツブツと「本当は反対なんだが」とぼやく姿を見ることがあるが、これが重なると意見を出す場を設けて合意をとりながら進める意味がなくなってしまう。

社会人の矜持としても「決定するまでは自分の意見をしっかり伝え合い」、「自分の意見と異なっていても互いをリスペクトしながら最適な解決策を考え合い」、「互いの合意で方針が決定した後は、たとえ自分の好みと異なっていようが、決まった方向で最大の努力を行い」もっとも良い成果を達成することに協力し合う行動を実践していくべきである。

◆失敗事例を活かし、成功へと導く

ＩＴ部門の業務には、多くの不確実性が内在している。そのため、当初想定していない事象が、後日、突発的に発生することも多々ある。このような想定外の事象の発生は致し方ないことであり、本当の失敗とはいえない。問題なのは、想定外の事態となったことに気付いているのに手を打たないことだ。これが本当の失敗に繋がるのである。

アジャイル開発では徐々に確認を行いながら次のステップに入るため調整が利きやすいが、ウォーターフォール型の開発ではこの調整のタイミングが難しい場合がよくある。うまく回らないと感じた場合は、ステークホルダーと早急に打ち合わせを行い、対処方法をなるべく早く検討し、対応することが重要である。このためには、状況に悪い変化があった場合も包み隠さずオープンにできる環境をつくることが肝要だ。「火を粗末にすると消せなくなる」。問題に気付いたときに、まず自前で解決してから報告しようと隠していると、後々大きな事案に発展してしまい、最悪の場合プロジェクトの失敗に繋がることも多々あるのだ。

また、問題を小さな芽のうちに摘み取れるよう、責任者（CIO）としては、「物事の基本が何であるか」を常に意識しなければならない。業務全体の流れや取り巻く環境、優先すべき事項、他へ及ぼす影響など、システム周辺を広く俯瞰する視点が不可欠である。

その上で、今回の対応は「全体最適」として妥当か、対応による影響は許容範囲かなどを基本に判断することが重要となる。このとき、自分の中に考え方の軸となる幹を育て、その考えの幹に照らし合わせて、おかしいと感じないかを常に確認することを推奨する。哲学ともいえる考えの幹を作ることはそう易しいものではないだろうが、日々の研鑽から時間をかけて醸成させてほしい。

◆D社の失敗事例と学び

D社のSAPプロジェクトの事例を紹介しよう。

この事例では、設計段階で現場要望を実現するための設計変更で開発予算を大きくオーバーしていることが判明した。このままでは、取締役会の再承認が必要な状況となり、場合によってはプロジェクトの存続さえ危うい状況になってしまう。

開発フェーズの開始時期も目前に迫り、開発メンバーのアサインもほぼ終わっている状況でもあったが、ＩＴベンダー担当者と協議し、一旦開発をストップし、開発予算を当初見積もりまで圧縮するためにどのような対策がとれるかを議論した。この議論により、現場要望の「あったらいいな（nice to have）」を極限までカットし、適正な開発規模まで圧縮したが、そこに至るまでに2カ月の期間を要した。無論、アサインしていた開発者も一旦リリースしなければならず、プロジェクトメンバー全員に悲愴感が漂った状況下ではあったが、問題点を早期に顕在化させ、双方可能な対策を協議・合意することで難局を乗り越え、プロジェクトは無事完遂することができたのである。

振り返ってみると、これらの対応は結果としてプロジェクトの成功に必要なことだったとわかる。開発計画やアサインした技術者など多くの心配はあったが、そのまま無理やり進めていれば予算的にも品質的にもさらなる大きな問題が発生し、どの現場からも納得のいくものにはならなかっただろう。不要な現場要望を極力削り、プロジェクト規模を正常に戻し、その後も発生した問題は早期に共有し解決する姿勢で臨むことにより、全体として合意のとれたプロジェクトの成功に結びつくことができたのである。

また、このケースでは、SE技術者の設計段階における現場要求のヒアリング姿勢に問題があったことも教訓となっている。当初、SAPに業務を合わすことを目指していたが、SAPのデフォルト機能で対応可能なものでも、現場の要望を優先したカスタマイズ対応が増大していたのだ。SAP導入後の業務を理解していない現場にとって、現業の方法からの変更は耐えられないと訴え、ITベンダーSEが、現場のことはよくわからないからと、現場担当者の言い分を丸呑みしたことに問題があったのだ。SEと現場の双方でSAP導入後の業務イメージを共有せず設計を進めたことが大きな反省点となった。

◆外部人脈を構築しよう

IT責任者は、その立場上、社外での講演やセミナー、コミュニティに参加する機会が多くあるだろう。そのチャンスを逃さず活用していただきたい。多くの人たちと巡り合い、情報を広げ、新しい関係性を構築してほしい。出入りのITベンダーからITやその使い方などの提案を受けるだけでは、本質的な理解は望めないのである。外部の交流を活用し、壁打ちを行って、他社や世界の動向などを学び、今後の判断に活かすことが重要である。

あなたは、IT責任者として、社外研修への参加や講演会での発表など、外部活動を部下の方に推奨しているだろうか。不足を感じたら、ぜひ、外部における人脈形成を行うよう指導してほしい。とはいえ、漫然と外部イベントに参加したのでは、なかなか有効な人脈を形成するまで発展しないものである。意見交換においても、相手の方の話を聞くだけでは、それ以上話題が展開せず良い関係の構築にまで至るのは難しいだろう。自分たちの経験や失敗談を開示し、成功へのターニングポイント、工夫点や留意点など、相手がもっと聞きたいと思ってもらえるような情報を提供して初めて次の展開が期待できるものである。

[*19]**自分たちの経験を社外で公開することを躊躇させる制限をなるべく排除してほしい。特に、情報システム分野では、井の中の蛙ではなかなか新しいチャレンジを行うことは難しいところである。他社事例や新しい考え方、便利なツールやソリューションを学ぶ中でやるべきことが見えてくるはずだ。部下には、仕事の一つと義務化するくらいでよい。**

余談だが、本当の意味で友人関係を築くには、趣味など仕事以外の付き合いや体験の共有が有用だ。ゴルフ・酒・音楽鑑賞などを一緒に楽しむ中で刎頸《ふんけい》の友を持てるかもしれない。仲良くなりたいと思う人が現れたときは、何か一つ、仕事に関係のないものを探ってみることもお勧めする。

加藤恭滋　1954年愛媛県西条市生まれ。1978年香川大学経済学部卒業。1978年大和ハウス工業（株）入社、経理部門に配属、2007年J-SOX 推進室長、2010年情報システム部長、2011年執行役員情報システム部長、2017年上席執行役員情報システム部長、2021年 定年退職。3次会計システム開発導入に関与（経理部門でオフコン分散会計全国展開（1983年から5年間）、クラサバ集中会計PM（1997年から2年間）を担当、2012年 ERP（SAP）開発導入責任者）、2021年からは本格活動が開始したNPO法人CIO Loungeに理事として専念、2023年 同法人副理事長。

コラム　お客様への新しい価値創造――ヤンマーの事例

ヤンマーは、ディーゼルエンジンの小型実用化に世界で初めて成功した企業で、2012年の創業100年を機に、会社のブランドイメージの刷新に取り組みました。当時ヤンマーで進めた取り組みがまさにDXの取り組みでした。

世界人口の2050年の予測は、2010年の1・4倍。となると、食料も1・4倍要る。エネルギーはさらに必要で1・8倍。日本は人口が1億2000万から8000万人と減少予測ですが、農業や漁業など食料生産に当たっている労働人口の下降のほうがさらに速い。世界中が食料不足の予測なのです。「そこで我われは、100年先も、省エネ、食の恵を安心して享受できる会社になろう。それがヤンマーだ」として、ミッションステートメントを作り上げていきました。

ヤンマーの創業者は、農業で苦労されている方々に、もっと楽になっていただきたいと、小型化したディーゼルのエンジンを農業分野に適用し産業を作ってきました。ならば、我われは、IoT、ICT、ITでもっと効率的な農業を作っていこうじゃ

図表1-14　ヤンマーの取り組み事例

この10年間で農業へのICTの導入は一気に加速

年	取り組み
1933	世界初の小型ディーゼルエンジン完成
1966	ディーゼル耕うん機
1967	業界初の動力式田植機
1967	種まき機
1968	トラクター
…	…
2013	GPS搭載移動体遠隔監視・M2Mシステム
2014	国内初のIT農機 AG6-7条インテリジェンス コンバイン
2015	リモートサポートセンター設立
2020	監視下での自動走行

出典：著者作成

ないか。従来のSCMでは、社内の効率化のための整理をしてきたけれど、我われが提供していく商品で、お客様の効率化をもっと進めていこうじゃないか。と、視点を変えていきました。今までは、商品を発売、購入というところが最初で最後の接点だったものを、お客様の目的を達成するところまで、製造会社が支援できる、IoT、ICT、ITになってきたというのが、当時の取り組みです。

　お客様が喜んでくださると、お客様にいろいろな提案ができるようになる。実際、稼働状況を知ることで、TBM（定期保全）、タイムベースのメンテナンスから無駄な部分ではないコンディションベースのメンテナンスに切り替えていく。新しい商品の仕様で提案をしていく。

こんなことができてきて、お客様は喜ぶ。店舗もディーラーも伸びていく。こんな世界を作り上げてきたんです。

この10年で、農業でのＩｏＴ導入は急速に進みました。これは経済産業省が出している「ＩｏＴ、ＡＩ、ロボットに関する経済産業省の施策について」をまさに実践していたのです。機械化、ＩＴデジタル化によってかなり効率化が進みましたが、さらに効率化を進めるためには、社会システムの必要性も感じています。

しかし、これからのＤＸはさらにその先を見据えていかなければなりません。仮にヤンマーの機械が素晴らしく自動化され、その機械を活用したお客様の作業が効率化されても、農作業すべての効率化にはならないのです。農作業すべての効率化を進めていくためには、１社が提供する商品やサービスだけでは限界があります。そのため業界や地域さらには国全体を見据えたエコシステムへの対応を考えていかなければなりません。

第2部 デジタル化への処方箋

第1部では、日本の企業が抱えるIT化／デジタル化の現状と課題を明らかにした上で、世界に通じる企業となるため、IT化またDXを味方につけた経営戦略がどうあるべきかについて述べた。

その要諦をひと言で表すならば、**IT化またデジタル化の牽引役となるIT部門においてその責任を負うCIO[*20]に与えられた機能の重要性である。**

CIOが経営層や現場との架け橋となり、経営層・事業部門・IT部門の「三位一体」で企業活動を推進する。これがVUCAと呼ばれる不確実なICT全盛時代に生き残る唯一の方向なのだ。

では、その戦略に沿った具体的な戦術として、我が社でどのようにデジタル化を行えばよいのだろうか。第2部では、この疑問に答えるべく、さまざまな事案を紹介し、ケースごとに考え方やノウハウ、コツや陥りやすい問題点などについて説明していくことにしよう。

特に本書では、実際の体験に基づく声を重視している。CIO Loungeのメンバーが自ら過去を振り返り、数々の経験――成功事例だけでない、失敗から学んだ教訓も大きい――の一つひとつについて、「あのときはこうしてみたほうがよかった」、「こうした場合にはこの点に気を付けるべきだった」など、俯瞰して眺めてみて改めて認識した課題や問題点、改善点などを考察し、解決に向けての処方箋を提供する。

これらの処方箋は、ＩＴ化の組織開発や運営に活用しやすいよう、以下の７つのカテゴリーにコンテンツを分類・整理した。並び順に読んでいく必要はない。今必要な項目や興味のある箇所を拾い読みするだけでも十分役に立つはずだ。

第２部の構成は以下の７章より成っている。

第１章　**組織変革**　ＣＩＯが先頭に立って組織変革をする上での提案として、ＩＴ部門のあるべき姿、風土の醸成・事業戦略の必然性、ＩＴ戦略の進め方について考察する。

第２章　**人材育成**　ＩＴ部門の人材育成や組織育成、内製化について検討する。

第３章　**システム構築**　具体的なシステム構築を進める上で、三つの事例から具体的なノウハウを披歴し、検討を加えていく。

第４章　**システム更改**　旧システムの切り替えや基幹システムの刷新、システム統合に関する考察を行う。

第５章　**セキュリティ**　情報セキュリティ対策やＯＴセキュリティの在り方について検討する。

第６章　**グローバル最適化**　グローバル化に伴うガバナンスや最適化について議論する。

第７章　**ベンダーマネジメント**　パートナーであるＩＴベンダーとの関係性や協力体制の構築などについて言及する。

第1章　CIOが先頭に立つIT部門の組織変革への提案

1. 自らの意識改革で進めるIT組織の変革

多くのIT部門長は、メンバーからIT部門が「言われたことをやるだけの部署」、「雑用係」だと愚痴を言われる中で、どのように彼らのモチベーションを上げ、自ら提案、実行できる部門に変革し、経営に役立つ部署にすることができるかと日々頭を悩ませているのではないだろうか。筆者自身がそのような状況の中で取り組みを模索してきた。
以下に、筆者の試行錯誤を通じたIT組織の変革を、一つのケースとして紹介しよう。

筆者は入社以来食品会社のIT部門に従事していたが、グループ会社が設立されIT部門が全面的に移管されることになった。当然ながら筆者もグループ会社へ出向になると思っていたところ、IT担当として経営企画部門への異動となった。

ＩＴ部門の幹部とはいえ、それまで経営層と話す機会はほとんどなかったが、異動後の経営企画部門では一転して、社長はもちろん取締役、また事業責任者の方々と話す機会が増えた。当時、大型のＩＴ投資が続いており、社長から投資効果を明確にするようプレッシャーをかけられたが、あの手この手で説明を尽くしつつ、並行してＩＴ投資に関するルールを作り、投資案件の選定や優先順位づけをするようにした。わかりにくいＩＴ投資を、意義を含めて見えるようにするのが目的であった。これらは一定の成果を上げ、そのおかげもあってか中期計画の進捗管理や次期中期計画の立案にも関わることができた。

経営企画の3年はあっという間に過ぎ去り、次にグループ会社の常務として異動した。グループとしてのＩＴ部門はこの会社の一事業部になっており、体裁としてはそこに戻ったわけだが、そこで感じたことは、ＩＴ部門に元気がないことだった。

ＩＴ関連業務は、従来の業務システムの開発・保守に加え、社内外のコミュニケーションに関連するシステム、セキュリティ対策、ＩＴ内部統制、海外関連会社を含めたガバナンスなど、担当領域は大きく増えていた。しかし、ＩＴ部員は増えず、むしろ減っていたのである。汎用機の開発保守業務を担当していた1990年代に60人いた部員は20人強まで減少し。皆、疲弊していたのだ。人事部門には毎年のように増員を要請していたが、子会社でもあり簡単に実現するわけもない。では、どうすればよいのだろう。

結論から言うと、ＩＴ部門を少人数でも運営できるよう、思い切って役割と機能を見直す方向へと舵を切ったのである。

まず、ＩＴ部門の強みを明確にし、少人数で最大の力を発揮できる方法を考えた。その結果、「種々の業務システムに横串を刺し、全社最適の観点から業務を俯瞰できること」を強みとし、従来のシステム開発を中心とした組織からコンサルティングに力点を置いた組織へと変革させることにチャレンジしたのである。

ＩＴ部門は、システム開発を通じて従来、論理的な組み立てができるスキルがあり、事業構造やビジネスの全体的なプロセスを俯瞰的に見ることにも長けている。コンサルティングは最適な立ち位置だと考えられた。とはいえ、グループ全体で各社に認知されなくては意味がない。

そこで、ＩＴ組織変革の取り組みを、次の中期計画に組み込むべく動いた。当時はグループが持株会社の体制に移行した直後であり、持株会社、事業会社とグループ会社で組織・機能が多層化されていることが問題となっていた。ＩＴ組織変革により「業務プロセスの見える化」を進め検証することを、古巣の経営企画部門と共に中期計画に盛り込んだのである。

具体的に示したのは、以下の2点だ。

・通常の業務システム開発や保守・運用業務はアウトソーシングする
・ＩＴ部門に「業務コンサルティングユニット」を新設する

同時に、ＩＴ部門のスタッフには、業務システムの知見に加えコンサルティングのノウハウを備えた、いわば「多能工化」することを求め、ＩＴ中期計画として「業務プロセスの見える化」に取り組むことを打ち出した。

無論、この変革を前向きに捉えるメンバーもいれば、下を向くメンバーもいた。このため、外部のコンサルタントに依頼して、コンサルティングの基本スキルや、業務部門のキーマンを含めた「業務プロセスの見える化」の方法論を学ぶ研修を実施した。具体的な業務を対象に、パイロット的に見える化を行う研修も取り入れた。にわか作りの集団ではあったが、１年をかけて予算策定プロセスの見える化、営業事務（販促費運用）の見える化に取り組み、改善案の答申まで行った。

その後、筆者はグループ会社の社長に就任した。経営トップの立場になって感じたことは、会計、人事、総務、ＩＴ部門の組織の壁が高く、連携がとれていないことだった。また、ＩＴ部門と同様に、会計、人事、総務部門のメンバーも、親会社から指示されたことを粛々と行うだけという不満を抱えている状況も見えてきた。

これらを前向きなエネルギーに変えれば、親会社、各事業会社に、実務を知っている強みを活かした提案もできるし、会計、人事、総務、ＩＴ部門が連携することにより、大きな効果を生む業務変革提案も可能となる。

そこで、事業部が連携できるよう事業部の壁を低くするいろいろなイベントを実施するとともに、各事業部からメンバーを選出し、物流関係の子会社の業務改革にも取り組んだ。また、「業務コンサルティングユニット」という名称を、ＲＰＡ導入のタイミングで「ＲＰＡ推進ユニット」に変更した。不要な業務をわざわざ時間をかけ効率化するほど無駄なことはない。単なるＲＰＡの活用ではなく、業務そのものの改廃を第一義とすることで、グループ全体の働き方変革に貢献する意図があった。

ここで挙げた事例は、一つの企業のケースではあるが、あくまでＩＴをベースとした組織変革として読んでいただければ幸いである。一連の施策がどこまで成果を出せたかは他者の評価を待ちたいところだが、少なくともＩＴ部門のメンバーの意識は変わった。また、グループ内の各社が当グループ会社を見る目も変わったはずである。長々とこれまでの取り組みを説明したのは、「待っていては始まらない」、つまり受け身では何も変わらないということである。

[*21]**ＩＴ部門は、要望を受けて動くのではなく、自らが変革して経営や事業部門と真摯に向き合うことだ。波風は立つかもしれないが、経営に認められ、企業にとって価値のあるＩＴ部門に変わることができるだろう。**

RPA　Robotic Process Automationの略。パソコンで行っている定型業務（レポート作成や、問い合わせへの対応）を自動で行ってくれるツール。

ＣＩＯ／ＩＴ部門長の役割は、ＩＴに通じ、ＩＴ導入に的確な判断を行うことも重要であるが、それ以上に、ＩＴ部門のあるべき姿を描き、経営と共有し、ＩＴ部員をエンカレッジすることがさらに重要な役割であると考えている。

ＩＴ技術だけではなく、事業全体にも興味関心を持ち、事業責任者とコミュニケーションを取って、わかりやすい具体的なシステム像を描き、実現への方向性を示す。ＩＴ組織の変革、受け身の態勢からの脱却は一朝一夕では実現できない。諦めず経営との対話を繰り返し、メンバーに語り掛け、後継者に引き継いでいくことが、ＣＩＯ／ＩＴ部門長に求められている。

（執筆担当　坂上修一）

2. 失敗を容認するカルチャー醸成のために何を行うべきか

個人のレベルで今までやったことのない事案に挑戦するのは大きな成長のチャンスではあるが、評価制度がその挑戦を後押しする形で整備されていないと、挑戦者個人が大きなリスクを背負うことになる。

失敗を容認するカルチャーを醸成するためには、ＣＩＯは挑戦を促す掛け声を出すだけでは不十分であり、心理的安全性を評価制度として担保する仕組みの整備が必要である。その

坂上修一　1981年3月 同志社大学商学部卒業。1981年4月 ハウス食品工業（株）［現・ハウス食品（株）］入社、コンピュータ室配属、2012年4月 ハウスビジネスパートナーズ（株）常務取締役就任、2015年4月 ハウス食品（株）理事就任。2016年4月 ハウスビジネスパートナーズ（株）代表取締役社長就任。2018年6月 スターネット（株）非常勤取締役就任。2020年3月ハウスビジネスパートナーズ（株）代表取締役社長退任、2020年4月 ハウスビジネスパートナーズ（株）アドバイザー就任。2020年11月ＮＥＣソリューションイノベータ（株）主席アドバイザー就任。2022年4月NPO法人CIO Lounge 理事就任（現任）。2022年6月（株）滝澤鉄工所［現・（株）TAKISAWA］社外取締役監査等委員就任（現任）。

際、既存人事制度を改めて独自の評価基準を制定できれば理想的だが、そうでなくても会社の現行評価制度の枠内でも十分に整備は可能である、と考える。

多くの企業では実績評価の際に、取り組み項目の難易度のような基準が設定できるはずである。この難易度をうまく利用すれば、挑戦者を応援する制度が整備できる。

例えば、日本で導入事例のまったくないＩＴサービスを初めて社に導入する場合を想定してみよう。事例もなく失敗のリスクも高い。しかし成功すれば大きな先行者利益を享受できる。

このような取り組みに組織の誰を挑戦させるべきかは、すでにＣＩＯは知っている。そのとき高い失敗のリスクは担当者個人に負わすべきでないことも、ＣＩＯは知っている。つまり、責任はＣＩＯ自らが負うのである。

高い難度を設定することで万が一うまくいかず評価が「Ｃ」になったとしても、凡庸な難度のプロジェクトで凡庸な結果「Ｂ」評価の結果の人よりも高評価になるような評価設定が必要である。そしてその結果、より多くの人が挑戦したほうが得、挑戦しないと損、と思うようにマインドを変えていく風土の醸成を図りたい。

前述のような風土醸成を行った上で、失敗を恐れず挑戦するためのカルチャーを阻害する最大の壁は何だろうか。これについては、過去におけるプレイヤーとしての筆者自身の経験からも言える。「ペーパーワーク」である。

「起案書」、「見積書」、「稟議書」といった通常プロジェクトの運営において必要とされるペーパーワークをいかにゼロに近づけ、時間短縮を図り、取り組みの推進に集中できる環境をつくるか。何か挑戦しようと思ったその瞬間にコードが書けるか、Microsoft Wordで起案書を書かされるかは挑戦者のモチベーションに大いに影響する。稟議書を回して決裁を数週間待ったり、その上で何回か説明会をやらされると「何かの罰ゲーム」を課されている気分になる。ある程度大枠で予算を確保しておいて、その融通方法は柔軟にしておき、アジャイル的にスタートし、プロトタイプを短期間で作り上げる。現場の人も交えて、コンセプトの有用性を議論し、確認する。

コンセプトの有用性が実証されればPOCは成功だ。POCとは最終プロダクトに近い試作品を作ることではない。試作品は次のステージである。挑戦の原資をコストとしての情報システム経費とは別枠で確保し、**内製力を持ったエンジニア集団の創意工夫が存分に発揮できる場をつくること。エンジニアをペーパーワークから解放しよう。**このようにお金と場があって、その上でカルチャーという花は咲くのである。

◆何を問題にするかが最大の問題だ

多くの情報システム部門は、事業部門から「要請書」を受領することで取り組みのきっかけをつくる。要請に沿った実現方法と費用対効果を検討して「見積書」として回答し、稟議決裁を経て情報システム化のプロジェクトがスタートする。

しかし、筆者は、事業部門から出された問題の輪郭をそのままシステム改善のスコープとして決めることに以前から課題意識を持っていた。このため、CIOに着任した後、事業部門から「要請書」が出せないような仕組みに改めた。

何を問題にするのかを、現場の声に頼らず情報システム部門が自分の目と耳、頭を使って考え、スコープを自ら設定するようにしたのである。この結果、情報システム部門の体質は飛躍的に改善され、部門からの信頼も大きく挽回することになった。

多くの場合、事業部門から出てくる「問題」はタスクレベルの課題が多い。「この画面とこの画面の2画面を見ながら作業するのは不便なので、1画面で作業ができるようにしてほしい」というような課題だ。このような課題を地道に100個こなしたところで会社の業績は上向かない。それどころか、経営層から「情報システム部門は何をやっているのかわからない」と言われてしまうのが落ちである。

では何を問題にすべきか。それは事業のアジェンダそのものである。例えば、多くの会社では中期経営計画を立案する。そこで出てくる事業課題を、そのまま情報システム部門の取り組み課題にすべきなのである。

問題は非常に大きな粒度で捉え、経営課題そのものに切り込んでいき、その中でどこに中心点を定めるか。顧客へ提供する価値の向上という文脈の中でどのような貢献を行うのか、それを描くのがＣＩＯの仕事だ。その大きな絵を描くことを実現する過程で、現場から出てくる作業効率化の問題も併せて改善することにより、現場課題と経営課題の解決を目指すのである。

しかし、ここで重要なことがある。取り組み課題の輪郭は、最終的にＩＴソリューションが解決できる輪郭を意識する必要があるという点だ。

多くの情報システム部門の現場では、この**スコーピング**といわれる工程を外注に丸投げする。その結果、請け負ったＩＴベンダーは顧客の要望に合わせてシステムをデザインし、ＩＴソリューションに不足している機能はすべて追加開発してしまう。当然、開発工数は際限なく膨らみ、コストも天井知らずに上がっていく。さらには、追加開発部分が邪魔をして最新のサービスにアップデートすらできないモンスターのようなシステムが誕生し、高い保守費用を払って維持する悪循環にはまってしまうのだ。これは、ＩＴベンダーからすればいちばんもうかるパターンともいえ、ベンダー側から改善の提案が来ることは期待できない。

開発を外注に出すのはよくても、スコーピングは何としても内製化しなければならないのである。でなければ、何を外部ベンダーに要求しているのかが自社で理解できていない状況に陥る。発注者が何を発注すべきか、何を発注しているのかを理解せず、何をベンダーに要

スコーピング　環境アセスメントを行う際に事業計画、評価の対象、評価の枠組みなどを定めた方法書を確定する手続き。

求しているか、その「要求のマネジメント」ができない状況はカオスしか生まない。

何を問題にするか。これが最大の問題なのだ。

◆DXを巡るWHY→WHO→WHAT→HOW

AIやIoTなど新たなテクノロジーの活用と、それによるDXの実現がよく語られるが、これはすべて誤りである。テクノロジーという道具から議論は始まるべきでないし、DXの実現という表現は、主語も動詞も誤っている。

主語はあくまでも顧客である。ピーター・ドラッカーは「事業の目的は顧客の創造である」と述べた。顧客の困り事を定め、その解決手段を生み出し、それを顧客に届け、顧客の課題を解決し、顧客を幸福にすること、これが企業活動の根幹である。

どの企業にもその存在する目的があるはずである。そして、お客様に提供している価値があるはずだ。企業活動では、その価値の源泉が社内のどのプロセスから生み出されているのかを深く理解する必要がある。その価値提供のやり方が今のままでよいのか。価値の提供方法を根本から考え直すところに事業戦略の必然性がある。これがデジタルによる大きな革新ポイントなのだ。いま一度整理すると、次の4点の順に、事業活動を考えるべきである。

WHY　：企業の存在目的は何か
WHO　：顧客は誰か

WHAT：顧客の困り事は何か。解決方法は何か
HOW　：顧客への解決策をどのようにサービス化し、どのように届けるのか

Uberを例に考えてみよう。提供しているサービスは人々の移動手段である。それは古くからタクシー業界によって提供されてきたもので、WHATをUberが新たに生み出したわけではない。しかし、HOWがこれまでとはまったく異なる発想とデジタルによる優れた顧客体験によって革新がもたらされた。

Airbnbの場合も同様だ。宿泊施設の提供は古くからホテル・旅館業界によって行われてきたものだ。しかしこれも同様にHOWにデジタル活用とビジネスモデルの革新がもたらされ、その結果既存サービスを侵食している。

このように、デジタルはあくまで手段であるが、そのデジタルを活用したビジネスモデルの革新によって自社の市場が根こそぎ越境したプレイヤーに奪われてしまう脅威が現実となる可能性があるのだ。デジタルによる効率化はこれまでのIT化の延長でしかない。考えるべき方向は、自社の顧客に提供する根源的な価値を、今後どのような形で届けるのが最良かを、これまでの提供方法を一度忘れて、再定義することなのである。

Airbnb　世界各国の民泊（個人の持つ空き部屋や空き家を宿泊客に貸すこと）を斡旋するサイト。

キャズムを超えよう

新しいシステムやサービスの利用が進まないという声をよく聞くが、多くの場合、１００％の利用率を目標に議論している。それではいつまでたっても達成感はもたらされまい。

私が提唱するシステム利用率のガイドラインは16％だ。そのよりどころはキャズム理論である。キャズム理論では、アーリーアダプターからアーリーマジョリティへの移行の間には、「深く大きな溝」があり、この溝を越えると急激に利用が広まっていくとされている。この溝が普及率16％の壁である。新しいテクノロジーを社内に普及する際にはこのモノサシを使うようにしている。

具体的に言えば、16％の普及率を超えるまでは、一生懸命に社内に普及・啓蒙活動を行う。16％を超えたらそのサービスは放っておいても広まっていくので、普及活動へのリソース配分を低下させるのだ。

超大企業で人も潤沢にいて、導入推進やユーザーへの啓蒙活動を専門で行うような体制が取れる場合は、このような考えは不要である。好きなようにやってほしい。しかし、小さなサポート組織で、一人で企画から導入推進までやらなければならないようなケースでは、社内への普及・啓蒙活動に十分時間が取れないのが実態である。リソース配分は重要課題だ。

やる気のある人に対しての普及・啓蒙活動は、人さまの役に立っていると仕事の価値を実感しやすいが、そもそも興味関心の低い人へのアプローチはモチベーション低下のリスクも

キャズム理論　「初期市場」と「メインストリーム市場」の間にある「深く大きな溝」について説いた理論。二つの壁を乗り越えることが市場開拓するうえで重要だとする理論。

ある。熱い思いを持った16％の人と共感のうねりを作ったら「はい次！」。振り向かず前に進もう。何をやるかといえば、次のイノベーションの種を育てて、その普及率を16％まで伸ばしていくのだ。16％を超えたら、高い関心を持ってくれる人を中心に進む仕組みにし、サポートへ回る。こちらから押しかけて行くのではなく、呼ばれてから行くイメージである。

16％超えには、別の意味もある。ざっくりと2割まで利用率が高まれば、すでにその時点で全体としても大きな効果が見込めると考えられるからだ。2割の数字には、2・6・2の法則、ニッパチの法則、パレートの法則、働きアリの法則など、さまざまな呼び方がなされているが、つまるところ上位2割を押さえたらまずは組織的な勝利だと考えることができよう。

斬新なテクノロジーほど人々の理解と利用促進に時間がかかるものだ。キャズム理論でいうところのラガード（もっとも保守的な層）、最終的な浸透まで普及・啓蒙活動を続けていると、その間イノベーターを待たせることになる。これは企業におけるイノベーションの停滞だ。

私は次の新しいテクノロジーをイノベーターに提供することに重点を置きたいと考えている。また、情報システム部門のスタッフのモチベーションを考えてもこの指標を勧めたい。ゼロから16％まで持ち上げるときはやる気のみなぎった人との伴走で高揚感があるが、80％を100％に上げるためにはやる気のない人に頭を下げてお願いして回るようなつらさが伴うものだ。

投入リソースから得られるリターンの大きさという経済合理性の面からも、私はキャズム超えを目標とするスタイルを提唱している。

決して普及率80%から１００％までの層を見放せと言っているのではない。テクノロジーの普及には時間がかかるのだ。スマートフォンが普及するまでに15年はかかった。時間というリソースを最適化する視点が必要なのである。

また、改めて述べるまでもないことだが、筆者がここに書いた処方箋はすべての企業に当てはまるものではない。ＩＴリテラシーや成熟度がそれほど高くなく、情報システム部門のスタッフも少数である場合の重点の置き方を考える際の一つの在り方として参考になれば幸いである。

（執筆担当　友岡賢二）

3. ＣＩＯが主導する経営の理解を得るＩＴ戦略の進め方

企業にとってＩＴの活用は、その巧拙により将来の成長に大きな影響を与える可能性が高い極めて重要な経営課題である。そのためＩＴ部門担当（ＣＩＯ／ＣＤＯ）やＩＴ部門責任者にとっては、ＣＥＯ（最高経営責任者）にＩＴ戦略の重要性を正しく理解させることが極

友岡賢二　1965年呉市生まれ。1989年早稲田大学商学部卒業。同年松下電器産業（株）［現・パナソニックホールディングス（株）］入社。独英米に計12年間駐在。汎欧SAP、グローバルSCM構築などに携わる。2012年に（株）ファーストリテイリング入社、業務情報システム部長。ITグローバル化に携わる。2014年フジテック（株）入社、2022年同社専務執行役員デジタルイノベーション本部長就任。

めて重要な役割となる。

ここからは、IT部門担当として考える効果的なIT戦略をいかに適切な形で経営者へ伝え、円滑に推進するかについて解説する。ポイントとなるのは、IT部門が「やりたい」と考えることを経営層に対して「やるべきこと」として示し、理解を得ることである。

もちろん、すべての場合に通じる方法というわけではない。あくまで一つの可能性として捉え、実際に活用する際には現場の状況を的確に把握しつつ、最新の知識や情報を入手しながら戦略を見直す柔軟さが必要である。

IT戦略の構築・推進にあたり、まず把握すべき重要ポイントとしては、以下の3点が挙げられる。

1　長期的な視点で見た真のユーザーとその変化
2　IT戦略の目的（短期的視点）と将来の発展性（長期的視点）
3　経営者によるIT戦略の適切な理解

このうち、3点目の「経営者によるIT戦略の適切な理解」を得るための取り組みが本項のテーマである。

◆IT戦略はどうあるべきか

言うまでもなく、企業の目的は、自社の製品やサービス等の展開を通じて顧客満足を図り、その対価としての利益をステークホルダー（株主、役職員、その他関係者）に還元することである。また、企業の継続的な繁栄のためには安定的な利益構造の構築が不可欠であり、それは、「ビジネスチャンスの拡大」と「収益構造の強靭化」を必要とする。この二つの戦略を構築また高度化するにあたり欠かせない要素がＩＴ戦略なのである。

一方、経営者がＩＴ戦略に求めることは、「実施に伴うコストの低減」と「導入による効果の拡大」だが、同時に当該戦略の効果の継続性と将来的な成長性への投資も重要な要素となる。これらは経営者としては当然とはいえ、多額のコストをかけて導入したＩＴ戦略が思ったほどの効果を上げないとすれば、それは戦略的な失敗だと捉えられても仕方がない。要は導入するＩＴ戦略の効果を長期的な視点で視覚的に理解できるツールが必要となるのである。

ＩＴ戦略においては、導入当初の効果、導入後1年、2年といった短期的な効果だけでなく、5年程度の長期的な効果と派生的な効果への期待さらには当該システムにおけるリスクや課題についても可能な範囲で提示する必要があると考えられる。

しかし、目まぐるしく進化するＩＴの前では、導入時点で5年後の姿や派生的な効果を検証できることはまずあり得ないのが現状である。このため、定期的に効果を検証し、小まめに修正することが何よりも重要となる。それは言い換えれば、経営者の知識や期待値を継続的に更新し続けることでもあるだろう。どのようなプロジェクトも、時代や社会の変化に応じて自ら変化させ続けることが必要なのだ。

◆安定的な利益構造の構築に向けて

ここで、前項で挙げた、安定的な利益構造の構築のために必要となる「ビジネスチャンスの拡大」と「収益構造の強靭化」という二つの要素を詳細に見ておこう。

「ビジネスチャンスの拡大」については、自社にとっての現在の顧客実態の明確化と、将来顧客の創造が必要となる。そのために重要となるのは、マーケットの変化の見極めだ。これこそが、IT戦略が単なる部門戦略ではなく、各部門の上位戦略、すなわち企業全体としての重要な戦略であると位置付ける必要があるとする根拠なのである。

さまざまなデータを駆使し、自社の強み・弱みを冷静に判断する中で、自社の現時点における能力、将来的な成長力とマーケット変化への適合力を見極める。このときのキーワードは、「データドリブン経営」だ。自社の能力や将来性、マーケット変化や顧客の現状やこれまでの推移、地域性や年齢層などのデータを蓄積整備し、分析することにより、自社の強みや弱みを的確に把握し、その上で新たな顧客層の獲得の可能性を考える必要がある。

もう一方の「収益構造の強靭化」については、言うまでもなく、業務自体の見直しを前提とした効率化・省力化戦略の構築が重要となる。ただしこれも、将来的なマーケット変化との関係を重視したコスト削減等の取り組みにする必要がある。こちらのキーワードは「最適化」だ。言い換えれば、事務や業務の流れを単にシステム化するのではなく、その流れそのものの必要性をしっかりと検証した上で、ＩＴ活用を考えるということである。

「ビジネスチャンスの拡大」と「収益構造の強靭化」の二つの要素を確実なものとするＩＴ全体戦略の構築、また推進を行うにあたっては、次の三つの事項が壁となって立ちはだかるはずだ。

多額のコスト確保と平準化

必要とされる人材の確保

経営者の的確な理解

ここでは、前項からのテーマである三つめの「経営者の的確な理解」を中心に、筆者の事例に基づき検討していくことにする。

◆ＩＴ戦略の原動力は好奇心と想像（創造）力

まず、地域金融機関において、ＩＴ部門を担当した経験から感じたことを簡単に説明したい。

私の勤務経歴は、営業店など現場担当を含めて営業部門を中心としたものであり、専門職としてＩＴ部門に就いていたわけではない。ＩＴ関連としては、営業企画部門と事務系のシステム部門に5年程度勤務した。わずかな経験ではあるが、ＩＴ分野の専門家ではない故に気付くことができた部分も多く、総合的に俯瞰する視点が培われたと感じている。

私がIT関連部門に配属されたのは2014年であった。基幹系システムの定期的な更改やさまざまな周辺システムに小さなトラブルが生じるなど、悩ましいことも多かった。

この頃は、金融取引もスマートフォンを活用したサービスへと急速に変化し始めた時期で、法人・個人を問わず顧客に対する一貫したわかりやすいデジタルサービスの提供が主たるテーマになりつつあった。いわゆるフィンテック（FinTech）という言葉が金融界を席巻していた時期である。この世界は私にとっては新鮮で、非常に面白く、さまざまな展示会や講演会を渡り歩いて情報を集め回った。さらには、親しいITベンダーにお願いし、最新のITに関する勉強会を定期的に開催してもらったりもした。このような経験が、営業視点でIT部門にいる意味や役割を強化し、活動を支えてくれたように思う。

当時いちばん重要視していたのは、私自身が銀行員であることを離れて一般の顧客になったときに、果たして「銀行」に行くだろうかという素朴な疑問だった。これに対する私の結論は、金融機関は自ら進んで行きたいと思わない場所であり、どうしても行かざるを得ない用件がない限り、行きたくない場所だというものになった。資産形成・資産運用というニーズは確かにあるが、これとて、すでにインターネット上で完結する時代に入っている。

つまり、銀行までわざわざ出向く必要などないのである。もはやスマートフォンやATMだけで十分な金融サービスが受けられる時代が到来しており、銀行店舗が駅前の便利な所にあることさえ、大した意味を持たないのではないかと思えた。

なぜこんな乖離が生じるのか。それはひとえに金融機関側の顧客ニーズに対する理解不足にあると思う。現在の状況に対する理由や背景を探してこれからの改善を考えていたのでは遅すぎるのだ。まずは、未来のあるべき姿を想像し、それに向かって最新のＩＴを使えば何ができるかを真剣に考えることが必要なのである。例えば、スマートフォンによる電子マネーの利用で考えてみるといい。預金口座との連携は必ずしも望まれる効果ばかりではないだろう。気軽に使えるのが利点の電子マネーだが、その分、操作を悪用された場合やスマートフォンの故障・紛失・盗難などのリスクも大きいのだ。

ＩＴに関する知識や経験は必要とはいえ、日々更新され古びていくものである。顧客ニーズに沿ったＩＴ戦略の構築に欠かせない要素といえるのは、実のところもっとアナログなもの、すなわち「好奇心」と「想像（創造）力」による人の思考ではないかと考えている。

（執筆担当　齋藤昌宏）

齊藤昌宏　1954年大阪生まれ。1979年立命館大学経済学部卒業および2020年大阪府立大学大学院経営学研究科修了。1979年（株）泉州銀行［現・（株）池田泉州銀行］に入行しその後43年あまり勤務。その間、営業担当や人事・企画部門を経験。2009年執行役員、2010年常務執行役員、2012年取締役就任、2014年専務執行役員事務システム本部長に就任しIT関連業務を担当。2022年6月常勤監査役をもって退任。現在は製造業の非常勤監査等委員に従事するとともに経営コンサルタントとして活動を展開中。

第2章　DXを進める人材育成への提案

1. IT人材育成について

IT部門に限らず、事業運営を行う上で、「人材育成」は非常に重要なテーマである。松下電器（現パナソニック）の創業者である松下幸之助氏は、自社の社員に対し「お客さんが、松下電器とはどんな会社かと聞かれたら、モノを作る前にヒトを作る会社ですと指導された」という。まさに、事業を行う前に人材育成が重要であることを物語っている。

人材を単なる労働力以上の「人的資源」と捉え、活用することの重要性は、日本全体での社会的課題となっている。少子高齢化による生産年齢人口の減少に加え、AIやロボット化など、ICTの進展に伴うビジネス変革への期待がDXブームを呼び、IT関連の人材不足は顕著だ。求人倍率は一般に比べてIT職種は5倍以上といわれている。

このような背景を踏まえた人材の獲得は、キャリア採用や他部署からのローテーションによる人材の強化やＡＩ等のテクノロジー活用による労働生産性の向上は不可欠ではあるものの、本質的な人的資源の確保は既存社員の育成である。この課題と正面から真摯に取り組まなければ解決は望めない。

ここでは、より具体的なイメージがしやすいよう、新卒はじめ若手層から中堅人材を対象に社内のＩＴ人材としていかに育成していくかについて述べることとする。

◆社内ＩＴ人材に求められる要素

社内ＩＴ人材に必要なスキルは、大きく二つの領域のスキル（軸）が必要である。一つは、ビジネスプロセスのスキルであり、もう一つは、ＩＴ専門領域のスキルである。

【ビジネスプロセススキル】　いわゆるＳＩベンダー（システムインテグレーター）の人材と異なり、社内ＩＴは自社の企業理念をベースとしてビジネスの特徴や業務プロセスを理解しておく必要がある。業務部門の専門家と少なくとも会話できるレベルにないと業務要件定義・システム要件定義は困難だろう。また、特定の業務領域の理解ができれば、数年ごとに担当をローテーションすることにより把握するビジネスプロセスの領域も拡大し、会社全体のプロセスを鳥瞰図的に見る能力も高まる。さらには、ＩＴ部門として他社や世の中のスタンダードを知ることにより業務部門の専門家に対して対等に議論ができるようになる。

【ＩＴ専門領域スキル】　ＩＴの知識や技術は、専門性が高くなり幅が広くなってきているが、まずは自分の得意とする専門領域を持つことが必要である。次に挙げる三つのスキルについて自分の強みを見いだし、尖った能力として磨いていくとよいだろう。

①ITの仕掛けの理解（昔ながらのIT専門領域）、つまりデータベースやネットワークの理解、またアプリケーション構築における手法など。

②大型プロジェクトや部門横断でのプロジェクトを品質良く計画的に推進できるプロジェクトマネジメント能力。

③ITシステムの中にあるデータの活用をエンジニアリングの観点とアナリティクスの観点で行う能力。

◆人材育成プログラム

では、求められる能力（要素）をいかにして伸ばしていけばよいのだろうか。もっとも必要とされるのは人材育成のためのプログラムである。社内ITに必要な要素を、新卒からベテランまで階層に応じ、育成のためのPDCAを回す仕組みを構築する。

【P（Plan）】　上司と部下で目指す姿や将来のなりたい姿を共有し、そのための施策（研修受講や担当テーマ、自己啓発など）を計画に落とし込む。

【D（Do）】　計画した内容の実行。研修においては、社外の研修プログラムの活用と、自前の研修プログラムの組み合わせが重要となる。社外の研修は一般的なIT専門スキルを高めるため、自前の研修は自社ならではの業務プロセスを身に付けるために行う。それぞれ目指す類型やレベルに応じて研修を体系化し、提供する。

類型とは、社内IT人材に必要なスキルを細分化したもので、ビジネスプロセススキル領域ではSCM（サプライチェーンマネジメント）領域や会計領域など、IT専門スキル領域ではアーキテクトやPM（プロジェクトマネージャー）、データアナリティクスなどを定義する。

レベルは専門性の高さを表す。例えば、「レベル1」はその類型の基本的な知識があるレベル、「レベル2」では上司・先輩指導のもと活用できるレベル、「レベル3」では自らがリーダーとなって推進できるレベル、「レベル4」は部下・後輩への指導ができるレベル、「レベル5」では他社や業界からも一目置かれるレベルなどと定義する。

研修受講においては、単に受講するだけではなく、事前準備（予習や自社の現状調査）を行い、受講後は自身の理解を職場や上司に発信することで理解の定着を図るまでの取り組みを行う。OJT（オンザジョブトレーニング）や自己啓発も同様に、計画した内容に取り組んでいこう。

【C（Check）】　以前の自分と、育成計画に基づいて実行した後の自分を評価するためにスキル診断を実施する。こちらも社外のスキル診断[*22]の活用と、自社の評価面談等を組み合わせながらレベルの認定と会社の評価制度との連動を行う。認定の際は、レベルに応じて、スキ

ル診断だけで認定するものから、上司の承認や場合によっては客観的な第三者を交えた面談での評価を行うものなどを組み合わせると、より客観的に公平な評価が可能となる。この結果を組織として集約することで、組織としてのスキルマップが出来上がり、強化すべきところが可視化される。

【A（Action）】 次回のPDCAサイクルに繋がるよう、評価フィードバックの内容から良かった点・悪かった点、課題を振り返り、改善を行う。

このように人材育成プログラムを構築し、年次など一定のサイクルでPDCAを回すことで部門の人材育成と育成レベルの可視化を行っていく。

◆社員のモチベーション

ところで、人材育成プログラムを構築すれば人は育つのだろうか。

人材育成プログラムという外枠は大事ではあるものの、本質的に問題となるのはその中身であり、育成の対象となる「人」自身がやる気を持って取り組む気持ちを保つことが重要だ。

若いうちから、社会に出ると「学歴」ではなく「学習歴」が大切になることを認識し、自身の育成や成長にモチベーションを持って取り組む必要がある。これは、一人ひとりが自分の将来として真剣に考え、なりたい姿に向かって取り組むこと、その上で上司や会社がサポートすることが前提となる。そのため、上司と部下のコミュニケーションは重要で、１on

1などを活用するのも有効である。

モチベーションの源となる価値意識は、世代や国が異なれば大きく変わってくる。筆者自身の経験から見ると、次のような傾向が強いと考えられる。

・昭和の世代：偉くなりたい、周りから褒められたい、給与は多いほどいい、家を建てたい、いい車に乗りたい、彼女／彼氏が欲しいなど、より多くの所有で満足するモチベーション

・令和の若者：最低限の所有があればいい、自分自身が世の中や周りに貢献したい、喜ばれたい、などの心の満足を中心に存在価値を確認するモチベーション

・中国の若者：自分自身や家族にどのようなメリットがあるか、自分の成長に繋がるか、などの自己満足を中心とするモチベーション

このように、モチベーションの引き上げを一つの方法で語ることは難しく、SNSの普及による情報の個別化が進み価値が多様化している現在では、一人ひとりのモチベーションに対し、個別にアプローチする必要がある。人材育成は、多様化をカバーする大きな枠組みで対応できるようにしていかねばならないのである。

◆DX時代に求められる人材育成

生まれたときからスマートフォンという個人のデバイスがあり、大学の必修科目にAIが

組み込まれる現在、デジタルやAIが意識に上らないほど当たり前になっている情報社会の中で育った若者が社会に出てきている。企業の中でもデジタル化やAI導入は程度の差こそあれどこでも取り組みが進む。これからはますます、ITを提供する人（IT部門）と活用する人（ユーザー）の区分けはつかなくなっていくだろう。

全員がデジタルリテラシを持ち、セキュリティなどの事業リスクをヘッジしながら、さまざまな領域にスピーディーにデジタルを適用していくような状態を作り上げることが重要である。そのため、「デジタルやITはわからない」という経営層や社員がなくなるよう全体の底上げを図って全員がデジタルを正しく使いこなせる組織を目指す。少なくとも「できる人の足かせ」にならないようにしなければならない。

一方、「できる人」はより高度な領域に成長できるよう促す。このように、一人ひとりのレベルに応じた働き掛けを行い、誰もがモチベーションを持ってITスキルを高めていけるようにしよう。

多様性のある組織を前提に、全社員を対象にした人材育成プログラムでDX教育を行いながら、企業ひいては社会全体でデジタル社会に適合した社会基盤に繋げていきたいものである。

（執筆担当　河村潔）

河村 潔　1966年京都市生まれ。1989年京都産業大学理学部卒業。1989年松下電器産業（株）［現・パナソニックホールディングス（株）］入社。家電量販系システムや製造事業部と流通本部・販売会社のシステムを担当後、2005年から中国へ駐在し社内分社の副総経理として従事。2009年帰任後は大規模M&Aなど全社プロジェクトのマネジメントを担当。2015年オムロン（株）入社、アプリケーションおよびインフラ全般の企画から運営、組織マネジメントに従事。

2．組織の育成

ＣＩＯにとって強い組織とそれを構成するスキルを持った人材をつくることはもっとも重要な役割の一つといえよう。どんなに素晴らしいビジョン、野心的な戦略を立案してもそれを実行できる組織がなければ絵に描いた餅となってしまう。逆に言えば、自分たちの組織の力量に合わせた戦略、戦術を練らないと結局外部ＩＴベンダーにその実践を頼ることになり中途半端な結果となってしまいかねない。

過去に、他社のＣＩＯとのラウンドテーブルに参加した経験が何度もある。その時々の経営課題を議論し合いこうあるべきだというコンセンサスにまでは到達するのだが、「でもうちにはそれを実行できる人材がいないんだよ」という、愚痴とも諦めともつかないため息で終わることがしばしばあった。多くのＣＩＯの皆さんが、うちもそれだとお感じになるのではないだろうか。

しかし、組織や人材をつくるのはＣＩＯの重要なミッションの一つであり、このような言葉を発しているのは、自分に対して自らダメ出しをしているようなものなのだ。

愚痴をこぼす前に、すべての基本が組織と人材と考え、すぐに手を打っていくことが肝要である。

なぜなら強い組織、優秀な人材を作るのには時間がかかるからだ。CIOの仕事の半分は組織をつくり人材をつくることだと定義して今から手を打っていこう。

◆キャリア採用の勧め

昨今はIT人材市場が充実してきており、十分な経験とスキルを持った優秀な人材を社外獲得する手段は整ってきている。緊急性があり、短期間で社内人材のスキルアップが難しいポストを担う人材をキャリア採用していくという考え方は、従来の新卒重視の日本企業の一部には抵抗があるかもしれない。しかし、デジタル技術がより広範囲になり、また一つひとつが深化していく中、キャリア採用をうまく組み合わせることは重要な組織運営の施策と考えられる。

ただし、キャリア採用はある意味カードゲームのようなものだ。うまく組織にフィットする人材かどうかは、仕事をし始めないとなかなか判断がつかないし、一旦転職を経験した人にとってはさらなる転職に対してのハードルが低いというリスクも伴う。さらには、過去に使った転職エージェントからは、転職後も次々に甘いオファーが舞い込んでくる。このため、働き甲斐のある仕事と適切な評価、そして結果として相応なサラリーを提供する必要に迫られるのである。

一方で、新卒採用されたメンバーは、会社に対するロイヤリティ（帰属意識）が高く、組織全体を形作るベースになる。問題は、彼らのスキルをどうやって開発するかだ。

昭和時代のように、現場組織に任せきりにして、先輩や上司のやっていることを肩越しに見て学べというような徒弟制度をＯＪＴと称してはいないだろうか。

たいてい徒弟制度では、先輩や上司を超えていくまでに多くの時間がかかる。加速度的に進展するデジタル技術は、ますます広範囲になり、また一つひとつの内容が深化する中、徒弟制度のような方法では到底強い組織をつくることはできないのである。

◆人材開発ということ

筆者は人材育成という言葉を意図的に使っていない。他人によって育成されるのはあくまで小中学生の頃までの話だ。本来、人は自らを自らによって育てていくという主体性があって初めて、継続的に成長していくものだ。

米国駐在９年間の中の学びの一つは、米国においてはこの主体性の考え方が一人ひとりに染み付いていたということだった。しかもその価値観は多様で、一定のサラリーさえもらえれば、あとは家族や友達と楽しく過ごす時間を優先したいというモチベーションの層も少なからず存在した。

そのようなモチベーションの人の場合、本当にジョブディスクリプション（職務記述書）にある自分の役割を果たしたらさっさと家に帰り、ホームパーティを開いたりしていたのを覚えている。それはそれで楽しいだろうし、ある意味うらやましい生き方でもある。

一方で、キャリアアップを目指す層の人たちは会社に一定以上のロイヤリルティは持っておらず、自分のキャリアアップのオポチュニティがあるかどうかで会社と契約しており、それより良いオファーがあれば、躊躇なくステップアップしていく傾向にある。ジョブホップという言葉があるが、この層の人たちは、自分の価値を高めることを常に考えており、主体的に自己の能力と価値を高めるチャンスを常に狙っている。

翻って日本の現状を見てみると、終身雇用という仕組みの名残なのか、多くの人々は、学生時代はおろか社会人になっても誰かが教えてくれるものと捉えているように感じる。確かに終身雇用制度の中では、会社としても社員にレベルアップをしてもらわなければいけないため、会社が積極的に育成を行っていた実情がある。

しかし、技術の深さが増す中、会社がきめ細かい人材育成をできるわけもなく、欧米型のように一人ひとりの個人に自らのキャリアゴールを意識させ、それに向けて自らが学ぶというメンタリティを持たせることが重要になってきているのである。

ＣＩＯとしては、個々人に学ぶための動機付けをすることがまず重要となる。自部門の戦略に技術戦略を埋め込んでもよいし、スキルを持った人を表舞台に立たせることもよいかもしれない。しかし本当に大切なことは、キャリアアップ面談をきめ細かに実施するように中間管理職を指導していくことと、学びたいという個人に対して、学ぶための時間とお金をサポートし、学びの機会を積極的に提供する、つまり人材開発を行うフレームを作ることだろう。

さらには、クラウドやＡＩのような先端技術においては、現在の組織ミッションや責務を超えたような組織横断コミュニティや研究会を作らせ、参加者同士が高め合うようなアプローチも有効である。

いずれにしてもデジタル時代においては、人材開発は人事部がやってくれるものという考えを捨て、ＣＩＯ自らが自組織に合ったきめ細かな仕組みづくりを進めていくことが求められているのである。

◆ボトムアップとプルアップ

個々人の人材開発は、前述のような形が定着すれば、時間はかかるものの着実に進んでいくだろう。一方で、組織運営を考えなければいけないＣＩＯにとっては、現在そして将来どのようなスキルの人材が必要になるのかを考え、施策を打っていくことも重要な仕事となる。

この場合、組織全体のスキル底上げというボトムアップの人材開発も必要だが、それよりも各領域のトップの素養がある人材をピックアップして集中的に開発するプルアップの人材開発が必要だ。プルアップでは、常にＣＩＯがそれらの人材を直接コーチングし、修羅場のような経験のチャンスを与え、エンカレッジしていくことが肝要である。

一方、セキュリティやクラウド、AIのようにカッティングエッジの技術領域の人材をどうするかという点も難題である。技術の難度が非常に高い領域に対し適性や興味を示す人材の多くは、集中力があり自らがそれを学びたいという強い意志を持っている傾向があるものの、このような人たちは知識欲が強く、できることならば仕事は放っておいても学びたいというパターンを示し、孤高の人のようになりがちである。

私は以前、このような人たちを猛獣と呼んでいた。うまく活躍の場を与えればものすごい成果を出す代わりに、ちょっと間違えば人間関係のこじれが発生したり組織を揺さぶるような問題を起こしかねない諸刃の剣だ。だから、猛獣を飼うなら猛獣使いを用意しろとよく言ってきたのである。

つまり、技術的に彼らの言っていることの概念と心情を理解してやり、彼らをうまく活躍させることのできる管理職を見つけるのが最重要課題といえるだろう。猛獣使いと猛獣はセットでなければ、このようなスペシャルティを持った人材の活躍はおぼつかないのだ。

日本においては平等という概念が強く意識され、ここで挙げたような行動はえこひいきと見られ、ネガティブな印象を与えるかもしれないが、組織の将来を託していくキー人材の開発にCIOが自らの時間をより多く使い、腐心するのは当たり前のことなのである。

◆失敗経験の勧め

修羅場のような経験がなぜ必要なのだろう。人間が成長するのは、座学で知識を詰め込むときではなく、その事象の責任者としてのっぴきならない事態に陥ったときである。

そのような事態に遭遇すれば、何とかしてその状況を打破するために、自分の知恵と知識を総動員し、それでも間に合わなければ広く先人や文献にその解を探し求めるはずだ。これらの行為が自分の上限を押し上げることになるわけである。

経験は単に積むものではなく、自分の上限を超えるような経験、そしてそれが修羅場のような経験であればあるほど、大きく飛躍する可能性がある。逆を言うと、部下の能力上限以内の経験をいくら積ませても大きな成長は見込めないということになる。

エンパワーという言葉がある。マネジメントのセオリーの一つで、責任を委譲することにより委譲された本人が自分の責任としてそのミッションの達成に向けた主体的な行動をとるようになるというものである。人間の成長にとってこの主体的というキーワードがもっとも大切なものといえるだろう。さらには、そのミッションの難度が当事者の上限を大きく超えていればいるほど、飛躍の可能性が高まる。

ここで気を付けなければいけないのは、権限を委譲したと言っておいて、いざとなると部下が心配になり転ぶ前に支えてあげてしまうことである。

確かにミッションを成功させるという視点においては正しい行為かもしれないが、それでは部下の学びには結びつかないだろう。敢えてリカバリーできる範囲での失敗を許容することが重要なのである。これはかなり上司にとって我慢が必要なことだ。もし、失敗によって状況が泥縄状態になってしまっては元も子もない。しかしながら、人材開発はCIOの最重要ミッションの一つであり、このリスクをテイクしつつ、部下の育つ環境をつくっていくことが肝要である。

◆組織への求心力

COVID-19のパンデミックを経て、人の繋がり方、働き方には大きな変革が起こった。ワークライフバランスという理念が、多くの企業の中で本質的に理解され始め、働き方に決定的な変革の機会を与えたのである。

オフィスに全員が出社し、長机でみんなの顔を見ながら仕事をするという一昔前の仕事のスタイルが、いつでもどこでも自分のライフスタイルにいちばんミートした形でパフォーマンスが最大化する働き方を個人が選べる時代へと急激に変わってきている。

この変化にいちばん戸惑っているのは中間管理職だろう。これまで自分たちのミッション遂行のために何を具体的に管理するのかを曖昧なままにしつつ、毎日顔を合わせてミーティングすることですり合わせをしながら何となくゴールにたどり着くというマネジメントスタイルが多かったのではないだろうか。そのような中間管理職にとって、部下が目の前にいないというのは悪夢でしかない。

しかし、元来、特にＩＴは、オフィスにフィジカルに集まらなければいけない職種ではないのである。過去のマネジメント方法への未練は断ち切り、この時代に合わせたマネジメントを中間管理職一人ひとりにコーチングしていくこともＣＩＯの役目となるのである。

具体的には、責務を部下にエンパワーしつつ、一人ひとりのタスクの役割、アウトプット、納期を明確にして、そのＱＣＤ（Quality・Cost・Delivery）を定量的に追うこと、1on1をうまく使いながら、スキル開発のアドバイスやメンタルチェックするなどを実行していくことが重要だ。

組織とは人の集まりである。この当たり前の事実を、真摯に受け止める必要がある。ＩＴは確かに一人ひとりがスペシャリティをもつプロフェッショナル集団であるべきだが、本質的に人が集まって成り立つ組織だからこそ、リモートワークの広がりによって人と人の間の距離ができてしまい、組織に遠心力が働くようになるのだ。特に、中途採用者や新人社員は組織になじむのが難しく、孤立していきかねないだろう。

ここで必要になるのはソーシャルなイベントである。必ずしも堅いテーマである必要はない。組織のメンバーが自分の組織における他の動きを理解し、他のメンバーとの接点を得る場を、意図的に用意していくことが重要なのである。

以前、オフィス内禁煙が広がり始めた頃「タバコ部屋の効用がなくなる」と反対していた人たちがいた。オフィシャルではないコミュニケーションの場が失われるということが主な理由だったが、現在のリモートワークの普及もこれに似たところがあるといえるだろう。

もう後戻りできないと認識し、失われるソーシャルの場を意図的に作り出さなければならないのである。

部内勉強会、テーマごとの座談会、若手の組織横断改善タスクフォースのほか、飲み会も有効な手段となるだろう。ポイントは、一つの方法にこだわらず、即効性を感じられなくても諦めることなく、組織に対する遠心力が求心力に変わるまで、このようなソーシャルな施策を考え、打ち続けることである。

（執筆担当　石野普之）

石野普之　1984年（株）リコー入社。IT畑一筋37年間。9年間の米国駐在を経て、同社執行役員、グローバルIT責任者、ソフトエンジニアリング子会社社長を歴任。2021年に同社退職。同年より日本ペイント（株）常務執行役員CIOに就任。

3. 内製化への回帰

情報システム部門が内製力をなくし外部に依存しだすと、もともと技術力は外部会社にあるため、徐々に業務プロセスについても主導権を握られてしまう。そうなると、利用部門から見たとき、情報システム部門のメンバーに何を尋ねても「外部会社に確認します」といった伝言の窓口にしか見えず、それなら直接外部会社のほうに尋ねようという流れができる。この状態を経営層が知ると、もはや情報システム部門の存在価値はないとしか見えなくなってしまう。

このように情報システム部門が内製力をなくしていく原因は何なのだろうか。

経営層の情報システムに対する無関心あるいは無理解により、うまくできて当たり前とされ、失敗すると叱責されるなど、次第に攻めの姿勢を失ってしまうこともあるだろう。しかしその根本には、情報システム部門のメンバー自身の理解不足が大いに考えられる。表層のアプリケーションシステムに加え、その土台となってOSとの間を繋ぐミドルウェアへの理解が足りていないのである。

アプリケーションシステムとミドルウェアは表裏一体で稼働している。このため、アプリケーションシステムのみの知識が多くあっても、根深いシステム障害が起こってしまった場合には対処しきれない。また、アプリケーションシステムの構築においても、ミドルウェアを無視した設計や企画では良いシステムが出来上がる確率は低い。そもそもの問題としてシステム化できないものを可能であるかのように業務企画を行ってしまう可能性も出てくるだろう。

では、情報システム部門は内製化に向けてどのように取り組めばよいのだろうか。

現在、筆者の部門では、SAP社のS／4HANAの導入に取り組んでいるところである。情報システム部門のメンバーは、S／4HANAの各モジュールの担当とシステム基盤の担当に分かれている。SAP社が開催している研修のうち、S／4HANAの各モジュールの担当者はそれぞれのモジュールに関する研修を、システム基盤の担当者はS／4HANAが稼働するミドルウェアであるNetWeaverの研修を受講させる。その後プロジェクトを立ち上げ、業務プロセスの変革を適切に指導しつつプロジェクトを進める。

この取り組みを漠然と進めていくと、S／4HANAの各モジュールを担当するメンバーは、知識はついていくものの、S／4HANAの全貌を把握できているのか判然とせずモヤモヤした状態になる場合が多い。一方、システム基盤の担当はNetWeaverを実装する中で知識をつけていくのだが、その中にはERPの最初の導入やバージョンアップの際などにしか使わない知識やインフラ担当だけがわかっていればよい知識と、アプリケーションの各担当者も理解してプロジェクトの進捗の中やその後の日常の保守の中で自身でも実施できるようにすべき知識が混在しており、整理が必要な状態になっている。

この混在した知識のうち、アプリケーションの担当者も理解し実施できるようになるべき部分について、プロジェクトの途中で積極的に指導すべきといえる。具体的には、ミドルウェアでは新しいクライアントPC、トランザクション、プログラム、テーブル、データベース等がどのように定義されているのか、また、クライアントとなるデバイスからS／4HANAの間でどのようにデータが行き来しているのかを、自ら手を動かして実施することによって理解を深めるべきである。それにより、S／4HANAの担当者が全容を把握でき、混在している知識を整理することができるだろう。このレベルにまで到達したメンバーの比率が高まってくると、根深いシステム障害にも自ら対処することができるようになるはずだ。

多くの会社では、ミドルウェアの理解に対しての取り組みが不足するため、大きなシステム障害にはITベンダーのノウハウがないと対処できないため利用部門からの信頼を失っているのではないだろうか。

これは、ERPに限った話ではなく、手製のアプリケーションシステムの場合でもまったく同じだ。すでにある基幹システムの担当者はそれが稼働しているミドルウェアに関する理解をある程度深めないと、ITベンダーへの依存から脱することは難しくなる。

また、ERPを導入すると情報システム部門の役割も変化する。

これまでは手づくりで開発した基幹システムを運営する中、利用部門から寄せられる改善要求に応えることが仕事の一部、もしくは大半だったことだろう。しかしERPを導入する過程では、もっともシンプルでグローバルスタンダードに準拠した業務プロセスを吟味して導入するため、そう簡単に現場の声で変更するなどという事態は起こしてはならない。

例えば、2023年10月から運用されるようになったインボイス制度のような法規制の改正でもない限り、利用部門からいくら変更を要求されても応えることはなくなる。

このように標準化したところからが情報システム部門にとっては本来の役割といえるだろう。例えば、大半の企業でまだ最適解を見いだせていないカーボンフットプリントのスコープ3にどうすれば対応できるようになる（お客様に製品をお買い上げいただいた際に納品書と併せてその製品のカーボンフットプリントの明細を渡せるレベルになる）かを考えて経営者に提案するなど、新しい情報技術を応用して会社の経営に良い変化を起こす提案に手をつけるべきである。

生成AIの実用化もその一例で、情報セキュリティを担保せずに利用するのは危険ではあるものの、だからといって使用を禁止するのはこれからの時代には現実的ではないだろう。情報セキュリティを担保した上で全社員が利用できる環境を提案することは、社員の業務内容を根本的に変化させる契機になる可能性もある。このようにERPの導入を契機に情報システム部門は本来の役割を果たす組織に変化すべきなのである。

情報システム部門の役割を上位に向けて広げ、経営者の視点で提案するとか、業務プロセスの企画・改善の主体者になるとか、などと言うのは簡単だ。しかしその前に、情報システムを生業にする部門として当たり前の技術力をつけて内製化を行い、経営や業務の要請に速やかに即応できるようにすることが、まず大前提であることを忘れてはならない。

技術力を身に付けるのに何十年もかかるのであれば話は別だが、情報システム部門として携わる長い期間のうち1~2年というわずかな期間の努力によって、技術的にも自信を持ち、内製化はもとより上位の業務へのシフトも視野に入って、企業経営の中で情報システム部門が果たすべき役割も技術的な理解を伴って果たすことができるようになるのだ。

情報システム部門は、そのような変化を促す環境へと変わるべきなのである。

（執筆担当　山本浩平）

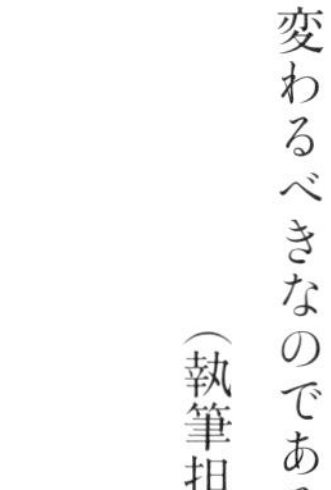

山本浩平　1962年大阪市生まれ。1985年神戸大学経営学部卒業、同年松下電器産業（株）入社［現・パナソニックホールディングス（株）］。情報システム部門に配属、社内分社で管理・生産システムを担当。2010年、パナソニックAVCネットワークス社に異動し情報システム責任者に就任。同社でOracle EBSによるグローバル運営を実施。2015年、パナソニック本社情報システム部門に異動、システムソリューション本部副本部長に就任。2017年パナソニックを退社後、1社を経て、2021年サカタインクス（株）に入社。現在SAP S/4HANAの日本導入に向けてプロジェクトを推進中。日本導入後はグローバル全拠点への展開を予定。

第3章 IT部門が推進する現場の課題解決に向けたシステム構築への提案

1．経営・事業（現場）・IT「三位一体」でのシステム構築について

第1部において経営・事業・ITの「三位一体」による取り組みの重要性を説明してきたが、この章の最初は、三位一体での具体的なシステム構築をどのように進めるかについて事例で説明していく。

◆IT戦略マップの活用

企業においてシステムを構築し、導入し、運用ならびに効果的に活用していくことがシステム構築において重要であることは言うまでもない。しかしシステム構築において経営視点、使用する事業視点、そして構築を進めるIT視点ですべてが満足することがなかなかなく、どこかに不満が発生してしまう。いわゆるシステム構築のQCD（品質・コスト・納

期）についての合意がされていないままシステム構築に突入し、結果、期待した機能や性能を得られない、思っていた以上にコストがかかってしまった、納期にシステムを提供できないなどの事象を繰り返し起こしてきた。

パナソニックにおいては、中村改革の時に「ＩＴ革新本部」が設立されたことになり、上記の課題を如何《いか》に解決するかが徹底的に議論された。その際取り入れた手法の一つが「ＩＴ戦略マップ」の構築であった（図表２－１）。

「ＩＴ戦略マップ」は、企業が取り組む経営課題に対し、経営の目標と取り組む革新ポイントを経営と事業で意識を合わせるためのものである。

次にその改革活動を進めるために、組織の改革や業務の変更、さらにＩＴ化が必要であるかどうかを検討し、業務改革とＩＴ改革の施策を洗い出す。その際、どの程度の投資が必要かも概算で示す。次にそれらの施策を実行した際、実行前（Before）から施策実施後（After）で到達できたかどうかを示すＫＰＩ（主要業績評価指標）及び成果の到達目標であるＫＧＩ（経営目標達成指標）を設定する。

そしてそれらのＫＧＩに到達した際、当初の経営課題の目標に到達できるのか、不足しているかを見極める。こうした企画を経営・事業・ＩＴ部門間で意識を合わせ、施策を進める責任者を明確にすることで三位一体によるシステム構築を進められるようになった。

しかし、これらの戦略マップを作れてもなかなか多くの阻害要因により現実には進まないプロジェクトも多く発生した。

それらをより精度を上げるために取り組んだのは、プロジェクトのマイルストーン設定とマイルストーンごとのそれぞれのチェックポイントについて、判断数値の設定であるこれを企画時に設定するのである。「GO／NO－GO」を判断する基準を設定しておくことが重要であると気付いたのだ。一旦プロジェクトが始まると、ややもするとQCDのどれかの視点で大きくズレが発生し始めていても、無理をして頑張って進めてしまい、傷口を広げるプロジェクトがあった。

そうしたことがないように、企画段階で、チェックポイントごとに、例えばコストが20％以上増加してしまっていたら、または成果物が20％以上遅延していたら、IT戦略マップを再度見直すということを事前に決めておく、そして経営／事業／ITの「三位一体」で再度見直すことが重要だ。

さらに将来のプロジェクトのマネジメントを強化するために、失敗を活かすことが非常に重要である。常に考えていたのは、「タイムマシンがあって、このプロジェクトをスタートした時点に戻って、再び同じプロジェクトを進めるとしたとき、何を変えるか」ということをプロジェクト終了時にブレインストーミングを行い進めることだ。これは失敗や課題があったプロジェクトだけではなく、成功したプロジェクトでも、何かの改善すべきことはあるはずなので、すべてのプロジェクトで進めてきた。

策定・ゴールの共有をするためのツール
・コミットメントして頂くことが重要

KPI：Key Performance Indicator　KGI：Key Goal Indicator

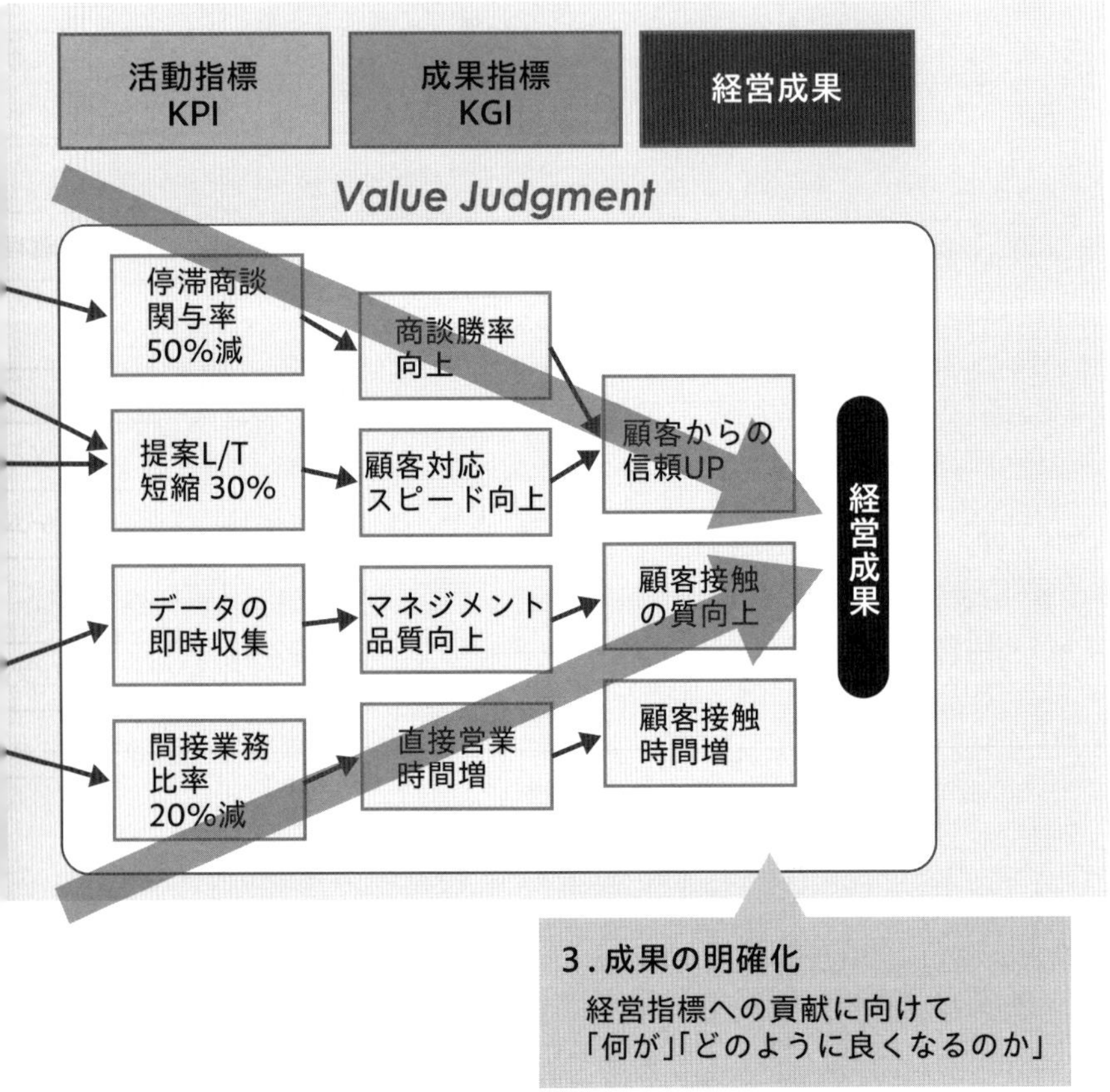

図表2-1 IT戦略マップの考え方

◆IT戦略マップは、IT企画の段階から利用部門とIT部門が一体となりIT投資
◆改革施策の経営課題との相関及び成果を可視化することで経営層にも取

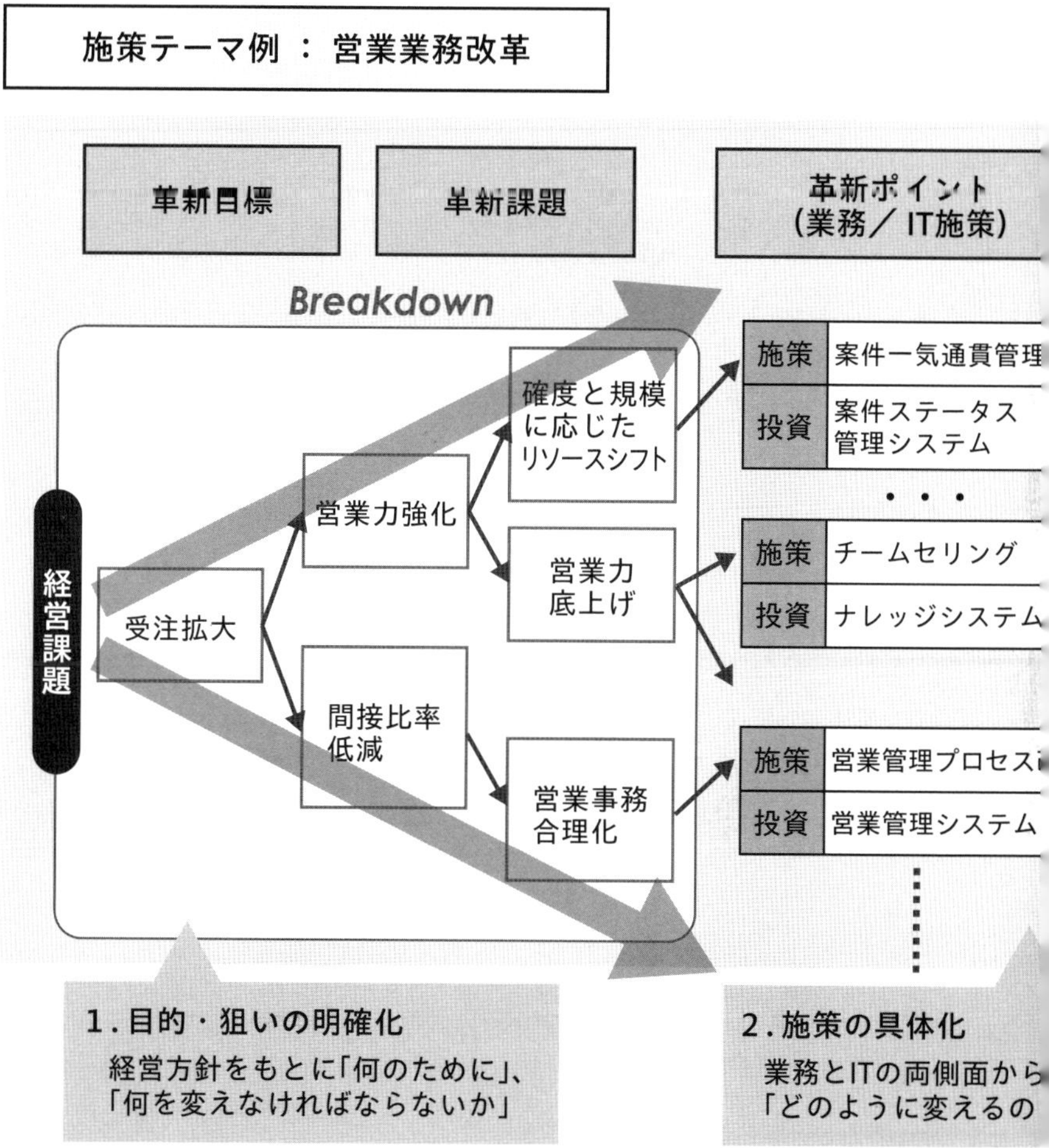

◆9象限の適用

第1部で「9象限」の考え方を説明してきたが、三位一体によるシステム構築と「9象限」の考え方の具体的な関連についてここで述べる。「9象限」の縦軸（データの管理）も横軸（業務プロセスの標準化）も企業としての全社レベルでの管理／標準化か、事業または地域ごとの管理／標準化か、個社や部門ごとの管理／統合かを整理するものである。

パナソニックにおいて統合会計の仕組みはデータもプロセスも全社で統一された仕組みとして構築してきた。しかし、私がヤンマーでCIOを務めた際、同じ考え方でCFO（最高財務責任者）に統合会計システムを提言したがなかなか意見が通じ合えなかった。

私はパナソニックでの経験が当たり前と思い込んでヤンマーのCFOと議論をしていたが、ある時私自身が気付いたのが、ヤンマーが非上場の会社であり、パナソニックは当時米国にも上場していた会社であるということの違いだ。

例えばパナソニックは米国上場していたので、SOX法対象の会社であり、米国のIRS（内国歳入庁）から財務オペレーションに関する問い合わせがあった際、本社として対応することが必要であった。しかし、ヤンマーは100年以上たった非上場企業であり、連結決算業務はデータの整理（勘定科目や粒度やタイミング等）ができていれば、決算業務のオペレーション方法が統一されていなくてもよい、つまりシステム統合しておく必要はないことに気付いたのである。

つまり、**企業[*23]全体で進めるべき経営課題と事業（または地域）で進めるべき事業課題を整理した上で三位一体のシステム構築を進めていかなければならない。**ただ、推進において非常に苦労したのは、**９象限として進めていくためには、まず全社統一で進めるべき取り組みを企業として取り決め、それを支える全社システムを提供する**まで、事業別や個別の取り組みはできないのかとかなりの突き上げを受けたことである。全社システムをすべて終えるまで職場や事業におけるシステム化は進められないからだ。

しかし、現実的にそのような進め方をすると事業や職場のデジタル化が遅れてしまい、結果、企業競争に負けてしまうことになりかねない。ましてや今の時代はローコードやノーコードによる職場でアジャイル的に進められるシステム化やデジタル化が可能になっている時代で、ますますマネジメントが難しくなってきている。

現時点での私の考え方としては、９象限の全社レベルで統一及び標準化すべき仕組みは全社の経営と事業とＩＴが「三位一体」でシステム構築を進め、並行してアジャイル的に職場で推進できる取り組みは進めていくことが不可欠であるということだ。その際、後日全社システムが構築され、職場の仕組みをつくり直すこともあり得ることを経営陣や事業側や職場とで意識を合わせておくことが重要である。

私自身もヤンマーで９象限の考え方をベースにシステム構築してきた半面、２０１９年に「ヤンマー全社員ＳＥ化」という方針を全社に示して推進してきた。つまり各職場でのシステム化推進を進めるためには、ＩＴマネジメントやＩＴガバナンスを強化することが必要であり、これらは全社で集中して進めていかなければならない。一方、実行を進めるのは現場でスピーディーに進めていくことが必要であると考えている。こうした取り組みを推奨していく際、多くの会社のＩＴ部門の方から反対はされた。その理由は昔「Notes」という素晴らしいツールを各職場が活用し、社内のシステムや情報がバラバラになってしまった経験がある方々からの反発である。同じことを繰り返さないためにＩＴマネジメントやＩＴガバナンスの強化が必要であると述べた。マネジメントすべき事例は、各事業や職場で活用しているＩＴ関連について全社として把握しておく。また、データ管理面から考えた際、全社管理されている情報を各事業や職場での活用は許すが加工は許さない等の取り決めが必要である（ただし、活用の許可にはセキュリティの観点を踏まえた判断が必要）。

◆あとがき

全社システムの構築となれば、やはり大型プロジェクトになるが、先ほどのアジャイル開発などの取り組みはローコードやノーコード等非常にスピーディーにできる時代になってきている。さらにＡＩや量子コンピュータの展開が現実的に進んできたときには、企業としてＩＴ化のマネジメントやＩＴガバナンスの強化が必要になると考えられる。

（執筆担当　矢島孝應）

2．システム構築・システム開発における失敗から学ぶ

システム構築・システム開発に関して苦労や失敗は枚挙に暇《いとま》がない。これまでの経験を踏まえ、特に読者にとって参考になりそうなエピソードをシステム構築のプロセス順に紹介したい。また、ドキュメント整備、コスト管理やチームビルディングに関する知見も参考事例として披歴したい。ぜひとも、活用してほしい。

◆企画フェーズ～RFP（提案依頼書）の作成と予算策定

ある大規模システム構築に際し、当初計画した予算に対し実際の見積もりが大幅に上振れしたため、改めて承認を得るための取締役会が紛糾し、なぜこれほど大きく膨れ上がったのか、冷や汗もので説明したことがあった。

本件についてよく分析してみると、我われシステム部門が作成してITベンダーに提示したRFP（提案依頼書）の内容が不十分だったことが根本原因だ。ITベンダーはそのRFPを基に提案書を作成し、我われはその提案金額を予算策定に利用したという流れである。一旦取締役会で承認を得たものの、ITベンダーと詳細検討していくうちに、あれが足りない、これも不十分だと問題点が判明し、再見積の金額が大幅に増加した。

では、なぜRFPをきちんと作成できなかったか。それは、システム範囲を適切に定義できていなかったことが原因であった。RFPでのシステム範囲の定義が曖昧であると、見積書も当然ながら曖昧になり、適切に反映されることはない。

このシステムは、従来の卸売りとは異なり直販ルートで商品を売るためのWeb販売システムで、システム部門のみならず会社全体でも新たなチャレンジといえる取り組みであった。従来の卸売業のシステムは社内で構築していたが、今回の直販システムは外注することになったことが背景にある。今考えると、内製化によるシステム開発とは事情が異なるにもかかわらずチェックが甘かったことから、投資金額の算定ミスに至ったと言える。また、詳細に実施する要件定義は、発注後の開発フェーズに入ってから行うことになるが、金額のブレが高額となりかねない大規模システムほど予算策定時の検討が重要であることを改めて認識した。

◆開発フェーズ～要件定義（ウォーターフォール型の開発とアジャイル開発）

システム構築の手法としては、ウォーターフォール型の開発とアジャイル開発の大きく二つに分類できる。まずウォーターフォール型の開発から議論したい。

ウォーターフォール型の開発は、主に大規模開発において利用し、各フェーズに分割して開発を進めていく。ところが、これまで経験したシステム開発プロジェクトでは、残念ながら

RFP　Request for Proposalの略。情報システムを導入する際に要件を提示し、システム会社に対して提案書を作成してもらうための書類。

ら開発期間が当初計画より長くなり、コストが上がるケースが発生している。たいていの場合、フェーズごとのタスクが適切に達成されず、手戻りが発生していることが原因だ。

例えば、本来、要件定義フェーズで検討しなければならない「実装すべき必要な機能」がすべて確定しておらず、次工程でその問題が顕在化し、ユーザー側から機能の追加要望が出されて断り切れず要件定義フェーズに手戻りしてしまったような場合だ。結果として開発期間が長くなり、それに伴ってコストも増加した。

これを防止するためには、要件定義フェーズで時間をかけ十分検討することが何より重要だ。また、各フェーズ終了時にレビューを実施し、タスク内容を確認する方法がある。レビューには、当該プロジェクトの開発チーム以外のメンバーが参加し、客観的に各フェーズの作業内容をチェックする。レビューチームに参画できる経験豊かなメンバーを揃えることができない企業もあるだろう。経験を積む意味でも、システム工程の品質管理としても、各フェーズでのレビューの実施は心掛けたい。

ところが、レビューを実施していてもタスクを積み残してしまうケースが発生する。そのような場合は、次のフェーズで何とか取り戻してきたのが現実解だった。ただその積み残し部分や検討不十分な機能に関して、明示的にメンバー全員に共有しておくことが重要だ。不明確で共有化されないままどんどん工程に進んでいくと取り返しがつかなくなってしまうので、注意しなければならない。

一方アジャイル開発は、一般的には比較的短期あるいはスモールスタートで始めるシステム開発に適用される。

これまでの経験を紐解くと、大規模システム特に従来型の基幹系システム構築に対し、アジャイル開発はビジネスの変化に素早く対応すべくスピード感が必要なシステム開発に適用していた。データベース設計、アプリケーション開発、ユーザーインターフェースデザイン、テスト専用チームなどさまざまなスキルを持ったベンダーの要員が参画し、開発チーム（スクラム）が編成された。

文字通り素早く（アジャイル）開発して、テストを行い、リリースする。ユーザーのフィードバックを受けブラッシュアップを行うというサイクルを2週間ほどのスプリントで回す仕組みである。面白いというと語弊があるが、実感としてシステムが短いサイクルで進歩し、ユーザーがリリースされたサービスを利用して得る体験が手に取るようにわかる。他方で、文書化が後追いになるケースが多く、また最終のシステム完成までの予算管理が難しいという側面がある。

◆開発フェーズ～概要／詳細設計（セキュリティ・バイ・デザイン／コンプライアンス・バイ・デザイン）

システム構築・システム開発における設計フェーズの実施項目である、セキュリティ・バイ・デザイン、コンプライアンス・バイ・デザインについて考えてみたい。

セキュリティに係るリスク、コンプライアンス即ち法規制に関するリスクは、システム構築後に対応するのは難しく、システム設計段階で考慮する必要がある。これが適切にできていないと、システム構築後に改めて対応せざるを得なくなる。この場合、費用も嵩《かさ》み手間暇を要することが多い。特に、改めてシステム環境・構築費用・運用費用に跳ね返ってくることになり、想定外に予算が膨張する可能性がある。

またエレクトリック・コマース（いわゆるＥＣ）では法規制、特に個人情報保護の観点で整備しておく必要がある。このあたりは独立行政法人情報処理推進機構（ＩＰＡ）が策定・公表している『セキュリティ・バイ・デザイン導入指南書』等に詳しい。具体的には、お客様情報などの個人情報を扱う際、特別な作業エリアを用意し外部とのネットワークを切り離す、端末からはデータをダウンロードできなくする、個人情報を扱う要員の作業管理も厳格に行うなどであるが、コールセンター業務等を専業ではなく付随的に行う一般の企業ではハードルが高い。対策がうまくできておらず、ＵＳＢでの情報持ち出しやスマホによる写真撮影等のトラブルは比較的よく発生しているので、しっかりした対策が必要だ。

また、前述の指南書は広く知られているが、詳細まで確認できておらず、適切に対応できているかどうかはグレーな企業が多い。ぜひ確認してほしい。

工場セキュリティについても言及しておきたい。

工場では、さまざまなＩＴ機器が導入されており、中にはWindows XPで稼働している工作機械も現役だ。組み込みアプリケーションはオープンソースで開発されることも多く、開発終了後に脆弱性が発見されるケースがままある。またそのソースがどの製品のどのバージョンに入っているか、また、どのプロトコルがどの工場のネットワークで流れているかなど管理に手間取ることが多い。したがってこれらについても前述したセキュリティ・バイ・デザインの考え方を取り入れておく必要がある。セキュリティ部門では、事務系ＩＴのみならず、工場系ＩＴについても活動責任範囲に含め対応する必要がある。

グローバルでの法令対応の観点で言えば、一例として外国公務員に対する贈収賄などの事案にも備えておく必要がある。具体的には、外国公務員に対しての便宜供与である。ＳＥＣ（米国証券取引委員会）によるチェックに引っ掛かると、全世界で調査する必要がある。ＳＥＣの監査時は、一人ひとりのパソコンがチェック対象となるので、そのログをどう残しておくか、バックアップをどう保存しておくか、すべてコストに跳ね返ってくる。

コンプライアンス案件の中でインサイダー取引対応では、メールログやＷｅｂのアクセスログの管理が対応の中心であるが、このログもどういう形で取るか、どういう仕組みを入れておくか、難しい問題がある。このあたりは、法律事務所によるセミナーやガイドを確認するなどして対応してほしい。読者の企業におけるシステム環境にはそれぞれ違いがあるので、どのようにすればよいかはおのずと異なるが、いずれにせよシステム構築後に対応するとなるとコスト面や作業負荷が膨大になることは間違いない。

◆開発フェーズ～テスト

昔はプログラム作成者がテストケースを作成して、一旦自らテストを行った後、別の担当者がテストを行ってバグ潰しを行っていた。当時は、ある程度文書化ができていたことから、そのドキュメントに準じてテストケースを作成して行っていたが、アジャイル開発の最前線では、テストを専門に行う企業に任せることが増えてきている。

例えば、スマホからの発注が適切にできるかどうかも、単にアンドロイドとｉＰｈｏｎｅを利用して行うのではなく、いろいろな機種やＯＳのバージョンごとにテストを実施して確認するサービスの利用も可能だ。網羅的なテストを行うのはありがたいが、それなりのコストもかかりシステム化投資を行う事業収支に影響するのは言うまでもない。

◆その他（ドキュメント整備）

全体を通じて、よく問題となるのが文書化だ。外部ＩＴベンダーに発注するシステム構築であれ、内製化によるシステム開発であれ、工数削減で真っ先に手を付ける項目が文書化ではないか。

文書化が適切にできていない場合、すなわち正確に記述されていなかったり、詳細部分が不明確だと、結局ソースコードを直接見ないとわからなくなる。文書化の作業は、当然工数の一部なので、コスト見合いということになるが、やはり極力精度を上げて記述するように指示を出すことを心掛けてきた。また、文書化を行っていないと、後工程のプログラミングやテストの段階でギャップが生じてくる。

内製化によりシステム構築を行っていたときは、自ら設計書を書き、それに基づいてプログラムを作成し、ファイリングまで行っていた。現在は外部ＩＴベンダーによるシステム構築が多くなったせいか、そのような一連の作業を行い、さらにレビューまで実施していることを社内の人間が知らないこともあるのではないか。最近の社内プロジェクトメンバーは、会議室の予約など打ち合わせの準備を行ったら、あとは外部ＩＴベンダーにお任せという傾向が見られる。

外部ＩＴベンダーは、自分たちに降りかかってくる問題である上、システム修正案件が発生した際は必要になることから、現状一定程度は行っているものと考える。いずれにせよ、文書化に関しては、設計フェーズのみならず要件定義からしっかり行っておく必要があることを改めて強調しておきたい。

◆その他（コスト管理）

今では、一定レベルの企業であれば当たり前にできていると考えるが、以前我われの会社では、システム投資について「どんぶり勘定」で行っていた。しかしこれでは、詳細項目を丁寧に調べれば中身はわかるが、経営レベルではそのような捉え方はせず、理解しづらい。この観点から、以下の三つのカテゴリーに分けて予算・実績を管理するよう変更した。

すなわち、①インフラ／セキュリティ関連、②新規投資、③保守／メンテナンスの3分類だ。これを中期予算策定時、過去の実績推移や今後の予算計画では三つに分類・整理し直した。システム部門としても、②新規投資が伸びておらず、③保守／メンテナンスのウェートが高いことを把握できた。経営陣では残念ながらシステムを理解している方は少数派だが、カネに関しての理解力は高い。新規ビジネスを立ち上げた際、該当するシステム投資を含めた費用対投資効果分析に際しては、従来以上に明確になり、投資判断時は理解しやすくなったと喜ばれた。

◆その他（システム構築メンバーやチームビルディング）

開発プロジェクトは、人で成り立っており、人に依存する。その意味でもいかに素晴らしいチームを作れるかは、野球・サッカーのようなスポーツ、ドラマ・映画制作、医療現場などに限った話ではなく、システム開発でも同様に重要である。

尾内啓男　1956年兵庫県姫路市生まれ、1978年神戸大学経済学部卒業。1978年（株）ワコール入社、電算室配属、2003年情報システム部 部長就任、2006年執行役員就任、2016年同社退職。2016年（株）ベネクスITアドバイザー（現職）。2016年（株）トライグループ顧問。2017年（株）アルプロン　ITアドバイザー、2018年社外監査役就任（現職）。2018年コンピューターマネージメント（株）社外監査役就任（現職）。

システム構築について、まず私の経験として、部下の立場から考えてみたい。

部下やチームメンバーの立場で言うと、やはり任せてくれる上司に恵まれたときは、モチベーションもアップして頑張った経験が多い。基本的に部下に任せ、何か問題が発生したりトラブルが起こったときには、支えてくれる上司が理想といえる。

また、上司がＩＴ部門以外の出身でＩＴの知見が少ない方と仕事をしたときには比較的自由に任せてもらえ、自分としては結構頑張り成長したという実感も湧いた。１から10まで上司がすべて指示を出すのではなく、１から３程度にとどめて、あとは自ら考えて行動する必要に迫られたときには、特に真剣に取り組んで仕事をやり切ったという経験が思い出される。場合によっては、自分が犯したミスの後始末を自身の責任の範囲で収拾することもあった。当時は厳しい立場に追い込まれて辛かったが、今から考えれば訓練の機会にもなり、いい勉強になり貴重な経験といえる。

ところが最近では、負荷がかかるとパワーハラスメントや労働環境等労働関連法令に抵触する可能性もあるため、上司も昔ほどの熱い指導は行わないし、部下もどっぷり仕事と向き合うチャンスが減っている印象がある。解決策は容易に見つけられないが、人材育成における大きな課題といえる。

次いでＰＭやＩＴ部門責任者など上司の立場で考えてみよう。

東本謙治　1956年神戸市生まれ。1979年松下電器産業（株）［現・パナソニックホールディングス（株）］入社。情報システム部門において全社経理関連システムの開発・運営、全社大規模システムの基盤技術・運用を担当。2005年本社・情報セキュリティ本部発足に伴いITセキュリティ分野を中心にグローバル情報セキュリティ施策の立案・定着化、CSIRT立ち上げ等を担当後、2016年退職。現在、情報セキュリティコンサルタントに従事。2023年9月よりCIO Loungeに加入。

いかにリーダーシップを発揮するか、あるいはチームビルディングに成功するかどうかが、システム構築の鍵といえる。IT部門長やリーダーだけでシステム構築はできず、メンバーのモチベーションを高めることができるかどうかが、ポイントだ。

上司として意識していた点は一つ。ステアリングコミッティや進捗会議の中で、心に響くような短い言葉でメッセージを伝えることを意識した。IT用語ではなく、ユーザー部門や経営陣、全社的にも理解してもらえ、琴線に触れるミッションや理念のような言葉だ。事あるごとにそのキーワードを繰り返し繰り返し声掛けしていた。その結果IT部門のみならず、そのメッセージがユーザー部門や経営陣にも伝わり、良い結果を得られた経験がある。

また、厳しく当たってぎすぎすした雰囲気を醸し出すのではなく、リラックスした雰囲気ながらもきっちり進めていくほうが、結果的にうまくいくのではないか。コロナ禍もあってやりにくい時期が続いたが、例えば息抜きのための飲み会の開催は、プロジェクトメンバーのストレスを解消し、コミュニケーションを促進するために重要な役割を果たす。このような飲み会を通じて、メンバー同士が気軽に話をすることができるような関係になり、コミュニケーションの促進に繋がることが期待できる。

（執筆担当　尾内啓男・東本謙治・四本英夫）

四本英夫　1956年大阪市生まれ。1980年上智大学経済学部経営学科卒業。（株）日本長期信用銀行［現・（株）SBI新生銀行］等を経て、ヤンマーホールディングス（株）グループ情報セキュリティ責任者を歴任。2018年NPO法人CIO Loungeに入会。2021年大阪府立大学［現・大阪公立大学］大学院博士前期課程修了（MBA）。現在、関西外国語大学/非常勤講師や情報セキュリティコンサルタントとして従事している。取得資格：公認内部監査人（CIA）、公認情報システム監査人（CISA）。

3．D社における2度の会計システム構築での失敗と成功について

筆者が現役時代に手掛けた2回の会計システム大型開発では、失敗と成功の連続であり今思い返しても冷や汗が流れる思いも多くあるが、また大きな達成感も得られた。

◆初の会計システム構築

最初の開発は、２０００年問題をクリアするためそれまでのオフィスコンピュータ、分散型、スクラッチ開発（パッケージではなくゼロからの開発）のシステムをクライアントサーバー、集中型、スクラッチ開発に再構築した経験である。当時、２０００年問題はシステム異常をきたす恐れがあると多くのメディアで問題視されていたため、比較的容易に開発の決裁が下りたのであるが、単なる旧システムの焼き直しではなく新しいチャレンジをＣＦＯと調整し、実現後のイメージを共有した上で開発方針を立てたものであった。

ＣＦＯとの約束は次の通り

・分散型システムから集中会計に変化することで外部要請である決算報告の早期化に対応する

・旧システムの欠点である日計勘定残高（Ｎ）と明細データ（ＳＵＢ）の不一致が発生す

るメカニズムを解消する
・伝票の承認履歴を保持し過去データを修正できないシステムとする

当時、筆者は、グループ会社立て直しのため経理担当として出向をしていたのだが、システム構築の稟議決裁が下りたとのことで新しい会計システムの構築PMとして、本社帰任の辞令を受けることとなったのである。

その頃筆者は経理部門所属で、入社5年目で旧オフコンシステムの全国展開プロジェクトに従事した経験があったが、本格的なシステム企画・構築は初めての経験であった。当然、システム構築の知識はほとんどなかったが、担当した経理部3課は稼働中の会計システムの維持・運用を担当しており、旧システムの良い面、悪い面に精通したメンバーであった。彼らの協力の下、現在のERPに近い巨大なシステムであったが、会社側で何とか設計段階を完結できた。いろいろな工夫を加えたシステムであったが、設計フェーズまでは、比較的順調に推移できたと記憶している。

しかし、構築フェーズに入ると種々の問題点が発生し到底スムーズとは言えない険しいものになったのである。我われが設計した各工夫は、担当SEにとっても初めての経験であり難度の高いものであったため、なかなか思惑通り稼働しなく苦労していた。

この開発工程で反省すべきことは、ITベンダーの開発者（SE）はプロであり、我われが考えることをプロとして実現してもらえると思っていたことである。今、冷静に考えれば、SEだとしても新しい取り組みへの対応は不得手な場合があり、システム全般をイメージし得るノウハウは持っていない場合もある。当時の筆者は、当然上級SEであれば我われが何を実現したいか読み取って、システムの開発要件を整理してもらえると思い込んでおり、「プロなら当然」と上から目線でなかなか実現できないことにイラつく毎日であったことを思い出す。

また、毎週の進捗会議では、うまく進んでいない問題点を議論するのであるが、議論ではなく責任の押し付け合いになりがちで建設的な会議とはならず、ユーザー側の言動にITベンダー側PMは精神的にも大変なプレッシャーを感じていたと推察される。

このような開発状況では、開発工数も当初見積もりを大きく上回る案件となり、開発規模は当初見積もりの2倍近いものになってしまった。ともかく紆余曲折を経て1999年3月にカットオーバーを迎えたが、この追加予算はCFOの裁断のもとに合意を見ることができ胸をなでおろせたのである。

しかしながら4月のゴーライブを迎え、初めての定時経費支払いでシステム異常が発生し、手作業で支払処理せざるを得ないミスを犯し、現場には多大な負荷をかけることになった。

この現場の不満もCFOが何とか抑えてくれたが、月末の定時工事代金の支払処理においては、支払い遅延が協力業者の経営にも影響する場合があるため絶対にミスのできないものであった。CFOからは、一度旧システムへ戻すかと心配をされたが、ここで戻せばもっと新システムの稼働が困難になることが想定されたため、何度もテストと改良を行い、無事に支払業務を完了できたのである。しかし、実情は家族には、「このプロジェクトが失敗すると責任を取り最悪退職しなければならない」と伝えていたほど、極めて大きいプレッシャーを抱えた状況であった。

このシステムが安定するまで約半年もかかったが、これは時間的制約でテストが甘かったことに起因する。システム間の整合性の悪さと過去データの無理なセットアップで異常終了が多発し、日々修正パッチを作成し出荷するために深夜まで開発機に向かわなければならなかった。

ただし、操作性では、旧システムに準拠した作りになっていたため現場では比較的好意的に受け止めてもらえていた。改善に対する現場要望も内製対応でタイムリーに開発導入したため、一定期間は非常に評判の良いシステムを維持することができていた。

そのような運用状況であったため、10年も経過する時期になると、システムが肥大化しスパゲティ状態になり、また、開発を担当した課員も昇格などの異動により開発ノウハウの維持が困難となった。これ以上持ちこたえられないと情報システム部門からの悲鳴が上がったことが発端となり、会計システムの再構築を検討することになった。

◆反省を踏まえて臨んだ2度目の会計システム構築

２００９年、筆者はＪ-ＳＯＸ推進室長であったが、次世代の会計システムを検討する業務指示を受けたのである。

情報システム担当役員からは、従来のスクラッチによる現場に合わせたシステムではなく、会計領域はグローバルで同じなのだからグローバルで選ばれているＥＲＰをベースに検討するように指示を受けた。約半年をかけ国内外の八つのＥＲＰを評価し、最終的にはＳＡＰを選択することになったのであるが、取締役会議の承認を12月末に得ることができた。ここで思わぬことが起きたのであるが、ＳＡＰ社のクリスマス商戦と重なりかなりの値引きを獲得することができたのは幸いであった。今でも通じるかどうかはわからないが、ベンダー各社の決算年次を意識し価格交渉することにはメリットがあるのではと思う。

企画フェーズまで担当しグランドデザインまで作成した後、情報システム部と開発してもらえればと思っていたところ、「決めたのだから構築も担当せよ」ということか、情報システム部長を拝命し、筆者が責任者として2度目の会計システム構築プロジェクトを実施することとなったのである。

このシステムにおいては、ＥＲＰの処理方法に準拠するため、従来の会計慣行を大きく変更させる必要があった。

ＣＦＯならびに本社経理部門と協議を重ね、次の変更を合意することができた。

・従来の事業所ごとの会計単位でなく全社で一つの会計単位とする
・本支店会計制度をやめ支店間取引も発生事業所で処理する
・管理会計中心から財務会計中心に会計処理を変更する
・過去データはセットアップせず期首Ｂ／Ｓ残高からスタートする
・業務プロセスについてはできる限りＳＡＰに合わせる

また、開発方針についても、極力カスタマイズせずＳＡＰ本来の構造としエンハンスモード（システムの修正パッチ）も遅延なく適用できることを目指した。

これらの方針を開発ルールとし、併せてシステムオーナー、ＰＭＯ（Project Management Office）の組織と責任範囲、会議体の目的や開催時期などをまとめた「プロジェクト憲章」を明文化し、プロジェクトメンバー間で共有した上、設計フェーズを開始したのである。

設計フェーズも進み始めた8月の中旬に開発の中心メンバーは、TOC（制約理論）のCCPM（Critical Chain Project Management）のトレーニングのため米国サンノゼに2週間の研修出張を行った。この研修は、当初懐疑的であったメンバーの意識を改革し、どのような問題でも協力すれば乗り越えられるという強い絆を築くことができたのである。このときのトピックスとCCPMについては、『進む！助け合える！WAのプロジェクトマネジメント』（宮田一雄著、ダイヤモンド社、2017年）に詳しく掲載されているので、興味のある方はぜひ購読していただきたい。

設計フェーズが完了し、開発フェーズの開始を目前にした2010年11月に再見積もりを行うと開発費が大幅に超過することが判明したのである。「第1部第4章5．まずはIT部門の意識改革を！（D社の失敗事例と学び）」で紹介したように、プロジェクトを一旦ストップし無駄を省きCCPMのルールに従った開発フェーズを進めることによりオンタイム・オンバジェットで無事完了し、2012年4月のゴーライブを迎えられたのである。

従来のかゆいところに手が届くシステムではなく、ERPのもとの登録画面で運用を開始したため、運用開始後一カ月はかなりのハレーションが起きたことは事実であるが、それも慣れとともに収まり三カ月もすると安定した運用になった。この間一度も異常終了など緊急対応が必要になることはなかったことも特筆すべきことである。また、決算業務においても、本社経理部のコントロール下で早期に完了でき、外部要請の決算発表の早期化にも余裕をもって対応することが可能になった。

現在、Ｓ／４ＨＡＮＡへの移行を順次行っていると聞いているが、その間約10年の間、売上規模が数倍になった経営環境においても経理部門の人員を増やすことなく安定して経理業務が行えたのは、ＳＡＰの効果が大きいとお褒めの言葉をいただけたのは本当にうれしく、開発に携わったメンバーに感謝したいと思う。

余談であるが、開発終了後も何度も多くのメンバーが集まり思い出を語る仲の良いチームとなったのであるが、「もう一度このメンバーでプロジェクトを行いたい」との意見に重ねて感謝をしている。

2度の会計システム構築の体験を述べてきたが、前者の2000年問題対応のプロジェクトにおいては、マネジメントに多大な問題があり大いに反省しなければならないと感じていた。幸いにして、ＥＲＰへの変更プロジェクトも担当でき反省点を踏まえたマネジメントが成功したと自負している。読者の皆様には、この比較を読み解き成功へのプロジェクトマネジメントを推進していただければ幸いである。

（執筆担当　加藤恭滋）

第4章　CIOの手腕が試されるシステム更改・切り替え時のマネジメント

1．古いシステムの切り替えはどうすれば成功するか？

汎用コンピュータやオフコンを使い独自に開発した古い基幹業務システムを、長年にわたり保守しつつ稼働させているといった状況は、全国さまざまな業態の企業で見られる。経済産業省が提起する「ITシステム2025年の崖」が課題となっている企業も多いだろう。

中でもよく聞くのは、現行システムにおいて、ハードウエア、OS、データベース、使用ソフトウエア言語などの保守切れや、それらを保守・維持していくソフト技術者の枯渇、社内IT従事者の高齢化により体制維持が困難になるなど、システム維持の観点から情報システム部門の起案として刷新を行う必要性に迫られているケースである。

筆者自身にも苦い思い出がある。情報システム部門からの起案となるため、業務変革による定量のROI（投資対効果）が作り切れなかったことだ。

投資効果が「システム停止リスクの対応」や「業務の効率化」など、定性効果が主体となり、相当規模のモノ・ヒト・カネ投資となってしまった。さらにはIT目線つまり技術用語や技術主体の説明となってしまったため、経営や事業側幹部からは「なぜ今のまま使えないのか」、「投資効果が見えない」といった声が噴出し、利用現場からも「今のままではなぜダメなのか」、「刷新するメリットは」、「刷新の理由は」という否定的な声ばかりとなり、承諾が得られない状況に至った。

何とか状況突破して刷新計画が進んでも、「何のための基幹システム刷新なのか」という目的が浸透せず現場の理解形成がないままだと、現状の機能を求められた「置き換えシステム」を要望されてアドオンやカスタマイズの塊となってしまう。開発費の膨大な上昇に繋がり、コスト面では経営層、機能面で現場との間に挟まれた状態となったこともある。

このような数々の失敗を振り返り、「あのときこうすればよかった」という観点から、克服に向けた取り組みを紹介していこう。

◆背景や要因

前記の現象についての背景として考えられるのは、情報システム部門における仕事の責任範囲、社内での立ち位置、任務がある。以下に、あり得る傾向として整理しておこう。

・情報システム部門の任務はシステム保守・運用が中心で、事業部門からの要求に対し

ての対応が主体である

・業務プロセスのオーナー（権限）は事業部門などの現場である

・レガシーシステムであるため、現状の年間ＩＴ投資額が少なく、システム切り替えにより年間コストが増額となりＲＯＩが作り切れない

・ＩＴ技術者目線での説明やアプローチとなり経営層の理解形成を難しくしている

これらのような状況だと、情報システム部門以外の目線で古いシステムの切り替え企画となるため、経営層や事業側に投資の必要性、価値観が説明できず理解を得られなくなる。

◆克服に向けての着眼点

レガシーシステムは構築してから長期間時間が経過しているが、その間ビジネス環境は大きく変化している。例えば製造業では、競争が激しく短納期、低コスト、高品質・サービスを求められ、さらなるＩＴの有効活用やデジタル化によるＤＸが必要な時代となっている。また、サイバー攻撃などのＩＴセキュリティの観点でも、古いシステムは脆弱性が存在する場合があり、対策が一層求められている。以下に、主な課題を挙げてみる。

・長期間、レガシーシステムがサポートする業務プロセスは変わっておらず、ビジネス環境の変化などのニーズには対応できない

・部門間のトレードオフの課題が個別最適で対応している

- 個別最適思考でオリジナルの工夫機能や便利機能が多く存在する
- 時代に沿ったデータ活用を行おうとしても粒度や情報項目不足などの課題があり要求への対応が難しい
- 紙やExcelによる人手の処理が多数存在している
- 業務の属人化、ブラックボックス化やムリ・ムダ・ムラが存在している
- アクセス権やシステム脆弱性等のITセキュリティ対策が現状変化にマッチしていない

これらをまとめると、業務プロセスには個別要素が多く含まれ、長年もの間基幹部分を大きく変えないために、現場サイドの個別化が複雑に行われている。その結果部分最適となって、世の中の動向やビジネス環境の変化に対しての要求に根本的な対応が取れていないことがわかる。したがって、改善の着眼点としては、基幹業務システム刷新のタイミングで、現在から将来に向けた経営戦略・事業戦略を達成するため、業務プロセスそのものの変革を行い、それに沿った基幹業務システムを刷新・再構築することが重要となる。

◆古いシステム切り替えの壁の克服に向けて

基幹業務システムの刷新の目的としては、経営戦略、経営課題の解決に向けて業務プロセスを見直し、さらに生産性向上を目指した標準化を図り、経営貢献していくことが重要で

ある。

1．業務が可視化されムリ・ムダ・ムラがなく流れる
2．停滞なくスピード感をもって効率よく業務が流れる
3．部門間のトレードオフ課題を全体最適として解消し標準化する
4．業務活動がデータとして迅速に可視化されて、状況の把握や問題検知ができる

これら1～3については生産性向上の観点でROIを考えることができる。業務を無駄なく効率的に標準化できれば、仮説例ではあるが「1人1日当たり平均30分の仕事が効率化されると1人当たり年間で120時間」の節約効果が見込めるため、数百人の社員規模で置き換えると相当の生産性向上効果があることが、定量として期待できる。

4については、業務の動きが数値で可視化されて把握できるため、傾向分析し早期に対処していくことができるだろう。

担当役員に対して必要性の理解を得て、刷新の機会にさらなる生産性の向上や会社全体の戦略達成また課題解決を実現することを提案し、経営や事業側への働き掛けと合意形成を行っていく必要がある。このためシステム部門としては、日常から以下の取り組みが重要となる。

①世の中のITトレンドや他社事例の情報収集
②能動的に事業貢献の視点で事業側・現場側の接点を多くとる
③業務プロセスの適正化について事業側・現場側に働き掛けを行う
④前述の①〜③を基に事業貢献を目指したIT基盤整備をIT戦略としてまとめる
⑤経営に対してIT戦略を提案し理解を得る努力を行う

これらの事項は、関連の見識が少ない中では手探りの要素であるが、粘り強く取り組んでいくことで道が拓けるはずだ。筆者自身、①〜⑤の取り組みは失敗の連続であったが、諦めず、あの手この手を考えて必死に取り組んでいった経験がある。

有効と感じたのは、世の中のトレンド、他社事例の収集だった。具体的には、さまざまなイベントに参加して企業間の交流などを行い、自分たちの課題に対して解決のヒントを探っていくものである。それらのヒントにより知見を高めて、提案型アプローチとして取り組むことが重要なポイントとなる。

前述の②や③において、情報システム部門としては「現場からの依頼に対する対応」の姿勢を取りがちだが、受け身ではなく能動的になり、提案型の姿勢で取り組んでいくことが不可欠である。つまり、IT部門の目線ではなく、経営・事業側の相手目線になって提案していくのである。

さらに言えば、ＩＴ戦略の立案について、システム基盤整備の観点でまとめる傾向があるが、事業貢献や効率効果の視点で立案することにより、経営層や事業側の理解が得やすくなって、連携を図ることができる。つまり、システム化を機に何の課題が、どのように、いつ解決していくのかを示すＩＴ戦略の立案を行うことが必要なのである。

このため、ＩＴ部隊目線ではなく経営・事業側貢献としての相手目線で提案していくよう、意識変革に取り組んでいく必要がある。情報システム部門の部門長は、自分が率先して意識変革に取り組んでほしい。自分が変わらないのに部下や周囲だけが変わっても部門の変革が進むことはあり得ないのだ。自らが変革してリードしていくことにより、事業貢献を目指したＩＴ戦略立案ができると考えて取り組むことが重要である。

古いシステム切り替えで難航している場合、第一に情報システム部門の意識変革（マインドセット）から取り組み、経営課題・事業課題としてＩＴ化を推進していくアプローチに変えていくことをお勧めする。「言うが易し、やるが難し」で容易ではないだろうが、ＩＴの自分視点を経営層や事業側の相手視点に変え、能動的にまた積極的に対応することにより、必ず道は拓けるはずである。

（執筆担当　小林譲）

小林 譲　1956年京都市生まれ。1980年大阪電気通信大学工学部卒業。1980年富士通（株）入社。1985年（株）SCREENホールディングス［旧・大日本スクリーン製造（株）］入社。社内情報システムの開発と企画に従事し2009年ＩＴ責任者を担当。2015年（株）ＳＣＲＥＥＮシステムサービスの代表取締役社長就任。2019年同社会長就任。2020年同社非常勤顧問就任。2021年同社非常勤顧問退任。2019年NPO法人CIO Loungeに入会し理事に就任。

2．製造会社の基幹システム刷新プロジェクトへのアプローチ

筆者は以前、製造会社のシステム部門長であった。海外を含めたグループ全体のＩＴ戦略責任者として取り組みを進めていた。

当時、当社では厳しい経営環境が続く中、グループ全体の業務変革やグループガバナンスの強化、海外販売の強化などの機運が高まっていた。ところが、事業部門によるビジネスプロセスの見直しや、事業の大胆な変革、経営判断を伴うためのデータ分析強化を行おうとしても、「システムが古くバラバラ」、「マスターが統合されていない」、「システム対応が困難」などの事由により、取り組みが進まないことが問題となっていた。

会計システムやネットワークなどはグループで共通化しているものの、業務システムやマスターについては、各事業部・各社ごとに個別に構築されており、システムによっては、コンピュータメーカーのオフコンを数十年利用するなど変化への対応が弱く、技術者の不足など将来、継続的にこれらのシステムを利用するには大きな課題があった。

一方、経営層からはグループ全体のＩＴガバナンスについて高い精度が求められた。海外を含めた全グループ会社のシステム導入はＩＴ部門の承認が必要であり、セキュリティ、ネットワーク、認証基盤などＩＴ基盤の構築・ルール化などはＩＴ部門が主導し徹底させて

いた。軽減税率などの法令対応などにおいては、グループ全体のシステム対応に責任を負うなど、バラバラなシステムに対する対応負荷も非常に大きいものになっていた。

過去、経営層からは、システムの説明が不十分なこともあり、「システムのことはよくわからない、金ばかりかかる」などの印象を持たれていた。また、システム部門のメンバーたちは、古いシステムの子守りを行い、障害が発生すれば怒られるばかりで褒められることもなく、縁の下の力持ち状態になっていたのである。

◆システム部門長の想い・基幹システム刷新プロジェクトへのアプローチ

経済産業省から「２０２５年の崖」のメッセージが発信されたり、多くの企業でＤＸ推進の機運が高まってきたりすると、経営層もＩＴやＤＸへの理解、セキュリティに対する危機感も高くなっていった。

当時、北欧出張でエストニアを訪問した際に国策でＩＴを強力に推進する状況、大学・スタートアップの連携の強さなど目の当たりにし、このままでは日本や日本企業はまずいことになると強く感じたことも、後の活動の後押しになった。このような状況下で、筆者（システム部門長）は、未来につなげる基幹システム刷新プロジェクトの企画・提案を行うことを決意したのである。

思いのベースにあったのは、「現行のシステムを何とか延命させる方法では、自身が現役の間は何とか耐えられるだろうが、未来のIT部門やグループにとって最適な選択といえるだろうか。そもそも、グループのシステム部門長・責任者としての役務・役割は何だろう。近視眼的ではなく、高い視点・視座からグループ経営（経営・事業・IT）にとって、最適なIT戦略を立案し、経営や事業部に対し丁寧に説明し合意形成をとって経営判断を仰ぎ、執行していくことではないか。グループのビジネス変革をITで加速することではないか」というものであった。

その後、頭から湯気が出るくらい考えを巡らし、社内外のさまざまな方々から意見やアドバイスを受けつつ、各ITベンダーとハードネゴシエーションを繰り返しながら計画書を作成した。

単なる「基幹システム刷新プロジェクト計画」では、「それってITのプロジェクトですよね。IT部門が中心になってやるべきじゃないですか」と言われかねない。まさに、従来できなかった業務変革をIT活用で実現するのだという一心で計画書を作成し、経営企画部門や事業部門とも連携し、社内で根回し・事前説明を実施した。

これらの変革には非常に大きな投資を伴うため、その効果や、なぜ今これが必要なのかを、切々と訴えた。当初は、「ITベンダーに騙されているんじゃないか。今のほうが便利だ」などの意見もあったものの、目的、効果、今やらねばならぬとの話を取締役会でも何度も説明を繰り返し、最後には、会社としてやっていこうと合意を取り付けるに至ったのだった。

◆反省点・振り返り

以下に、プロジェクトがスタートした後に反省点・振り返りとして特に感じた点を整理しておこう。

経営・事業側、IT部門との合意形成

当社でも、プロジェクトが開始されると「これはITのプロジェクトだから、現場の人の言うことを聞いてできるだけ便利になるように」など役員からの発言もあった。これほど誤解がつきものなのである。

まず、プロジェクトそのものが、ITのプロジェクトではなくビジネスの改革を行う経営全体でのプロジェクトであるという認識をしっかりと持っていただくことが非常に重要になる。従来は事業部門・ユーザーの方が使いやすいようにということで、その都度その都度システムの改修を行ってきたが、その結果、個別最適でつぎはぎ状態のシステムとなり、全体最適化やプロセスの見直し、変化に対応できない仕組みが出来上がってしまった。このことを十分理解していただき、経営や事業部門、そしてIT部門自身にも、しっかりとビジネス改革が目的なのであるということを理解・合意形成できるよう、丁寧にコミュニケーションをとることが重要であると感じている。

体制の整備

大規模なプロジェクトの場合、外部ITベンダーやコンサルを利用することが多いが、彼

らの力量をしっかり見極める必要がある。プロジェクト推進上、場合によっては複数の外部ITベンダーやコンサルを活用し、互いに牽制し合う環境をつくるのも手である。

プロジェクト実施中は、社外メンバーであっても一つの目的を達成するためのパートナー（仲間）であるとの意識の醸成が重要である。

また、社内の体制においても想定以上にシステム部門、ユーザー部門の工数が必要になることがあるため、工数の見積精度を上げておくことも重要だ。最近では、各社ともに労務管理が厳しくなっているため、何日も会社に泊まり込んでの作業も困難である。当社でも、担当してもらったコンサル会社の人員・体制が不十分だったり、システム部門メンバーの労務管理が大変になったりと苦労した。

投資計画

大規模かつ導入フェーズをいくつかのステップに分けたプロジェクトの遂行となるため、投資計画の作成にも苦労する。新規システムの費用はもちろん、既存システムの改修・移行費用、各ソフトウエアの必要ライセンスの数量など、多くの項目について想定・算出が必要となる。

投資計画の作成については、同様のプロジェクトを実施された企業に訪問を行い、自分たちでは見落としていた項目などを教えていただいた。例えば、「開発ピーク時に社外を含めた開発メンバーの打ち合わせスペースなどの確保も想定以上に費用がかかる。別ビルのフロアを借りるぐらいの費用も見ておいたほうがいい」、「あの製品ならば、費用はかかるが製品メーカーの直接サポート契約もしておいたほうがいい」など、現場を知った者だからわかる話も大いに参考にさせていただいた。

◆強い信念がプロジェクト成功の鍵となる

ビジネスを巡る状況は絶えず流転する。プロジェクトは一難去ってまた一難、その取り組みは苦労の連続である。

経営・事業・ＩＴが「三位一体」となり経営貢献できるよう、また未来のシステム部門メンバーやプロジェクト参加者たちが、縁の下の力持ちではなく胸を張って自分たちの経験を活かせるよう、今も、これからも、プロジェクトを立ち上げ推進し続けていくことになるだろう。

システム部門長・責任者としてもっとも重要なことは、さまざまな課題が押し寄せる中、決して問題を先送りにすることなく、自身が「ど真ん中でやる」という強い思いや信念を持って取り組むことではないかと思う。

（執筆担当　田口稔）

田口 稔　1963年大阪府生まれ。1987年立命館大学理工学部卒業。1987年日本ハム（株）に入社。情報システムを担当。2016年同社IT戦略部長就任。全社基幹システム刷新ＰＪなどを推進。2021年日本ハムシステムソリューションズ（株）代表取締役社長就任。

3. システム統合について

ここで論じるシステム統合とは、同一業界内の会社合併等に伴って実施される大規模システムプロジェクトをいう。会社合併の主目的はビジネスの規模拡大や経営危機に陥った会社の救済であるが、シナジー（相乗）効果の早期発出として、重点領域への人材活用とシステム経費削減が常にコミットされる。

一方、融合を重んじる日本の企業にとって、会社合併でもっとも難しい作業は、人事制度（給与体系、人事評価等）とシステムの統合ともいわれるほど、システム統合には困難を伴うことが多い。システムが会社の業務プロセスそのものとなり、社会インフラの一つにもなっているため、影響の大きなシステム障害発生の有無が合併成否の鍵を握ると言っても過言ではない。

保険業界で約40年間システムに関わり、特に後半の約20年間で経験した複数回のシステム統合経験を振り返って、システム統合を成功させるため、その実働部隊となるシステム部門の態勢をどうすべきかについて説明する。

◆システム統合の方式

システム統合には以下の3方式がある。

新規開発：合併する会社のシステムを使わず、新会社のシステムとして開発する方式

片寄：一方の企業のシステム（会社規模が大きいほうのシステム）を使う方式

並存：両社のシステムをデータ連携して使う方式

リスクの観点で比較すると、新規開発方式はスケジュールやコストの点でリスクが大きく（新会社としてのシステム要件確定に時間がかかり、投資コストも膨れ上がる）、並存方式はシステム統合のメリットである経費削減効果が見られない。したがって、統合するシステムのうち、もっとも規模が大きい基幹システムは、ほとんどの場合、片寄方式を採用するが、周辺システムは新規開発や並存方式にする場合もある。

◆システム統合の特殊性

自社内の他の大規模システムプロジェクトに比べ、システム統合の取り組み方が大きく異なるのは以下の3点である。

a　スケジュール：システム開発に必要な期間ではなく、ビジネス上の観点から合併日が決定されるため、システムのリリース日は、合併日までにすべきことと、合併後にす

べきことに分かれる。

b　対象システム：それぞれの会社及び関連会社が保有・使用するシステムのすべてが対象になる。何もしなくてもよいシステムはあり得ない。数年間システム改修がなかったシステムも対象になる。

c　関係者：全従業者及びシステムに携わる全システム会社（ITベンダー等）が関係する。

このうち、システム統合でもっとも厄介なのはcだ。両社の従業者間での主導権争い、ITベンダーからの受注争いが、システム統合の方式によって顕在化するためである。

会社合併は、同業とはいえ歴史の異なる会社が一緒になることだ。よく人間の結婚にも例えられる。別々に歩んできた人間（会社）が同じ家で暮らす（会社が一つになる）ため、暮らしぶり（仕事のやり方）や感性（企業文化、社風）の違いが顕著になる。喧嘩（合併解消）せず、幸せな家庭生活を築く（シナジー効果創出、ビジネス拡大）ためには、諸々折り合い（調整）をつけて、関係者の納得する方法で進めていく必要がある。

また、ITベンダーにとって、長期間の維持保守作業契約等で安定収入が見込めたシステムが合併後に使われなくなってしまうことは何としても避けたいという思惑も働くだろう。そのため、生き残りをかけたトップセールスが繰り広げられることになる。

一方、システム統合の経験者が従業者にもＩＴベンダーにもいないことによる対応漏れや、システム統合によって使わなくなるシステムを長年担当してきた従業者のモラルダウン等の問題も解決しなければならないのである。

◆システム部門がとるべき態勢

システム統合の成否は、実働部隊であるシステム部門がいかに全社をリードできるかにかかっている。以下に、どのような態勢で臨むべきかについて見ていこう。

①全社の合併作業の範となる

合併作業のうち、最初に共同作業をするのはシステム部門である。単なる共同（一緒にする）ではなく、協同（協力し合ってする）作業であることを、他部門の手本となるよう率先垂範してほしい。

また、システム部門の要員、システム子会社、ＩＴベンダー（含む、再委託先）に対し、システム統合を成功させる意思統一を図る機会（決起大会、全体報告会等）を定期的に開催したいところである。決意表明文や注意喚起文等を開発拠点の皆が目にする場所に掲示するなど、協同作業でも緊張感を維持させる取り組みが重要である。

②指示命令系統を一本化する

両社それぞれにシステム部門があり、システム統合作業中でもそれぞれ社内固有の指示命令は続くが、システム統合に関しては指示命令を一本化する必要がある。

例えば、両社のシステム部門で構成するシステム統合委員会のトップは1人（どちらかのCIO）とし、課題解決のスピードアップを図ることが重要である。また、システム統合委員会で判断するよりどころは合併後の新会社にとってベストか否かである。解決策が一方の会社に偏ったメリットを生み出していないか、報告・論議資料もそれを明記する様式にしていく必要がある。

③開発の遅れや課題を見逃さず、進捗を見える化する

システム統合作業にはすべてのシステムが関わる。そのため、多くのチームが組成される。それらをPMOによって把握・管理する体制となるが、**現場[*24]からの報告を鵜呑みにせず、現場の作業状況を直接把握する仕組みを作ることが重要である。**

例えば、現場支援メンバーを任命し、従業者だけでなく、ITベンダーの生の声もヒアリングし、PMOへの報告内容と差異がないかをチェックする。

さらに、現場が進捗遅れや問題発覚を隠そうと思わないような風通しの良い環境をつくることも重要となる。悪い報告を上げても叱責されることなく、一緒に解決策を考えてくれると思わせる雰囲気を醸成してほしい。

④キャリアを活かしてメンバー構成する

片寄せされる側のシステムの従業者が、これまでのノウハウが合併後のシステムに活かされないために人事考課等で不利になることが起きないようにするためには、片寄せする側のチームに最初から参画を促すことが重要である。役割は、片寄せするシステムへの必須機能の移植とシステム統合後のデータ移行など、彼らのキャリアを活かす機会をつくってほしい。そうすることで、両者の従業者の融合が加速するとともに、新会社のシステム（片寄せしたシステム）のノウハウを早期に身に付けることができる。

⑤経営トップへ定期的に報告する

経営トップは多忙なため、報告の機会をつくることが難しいかもしれないが、毎月30分でもよいので定例報告の場を設けてもらってほしい。それによって、経営トップにシステム統合の状況を常に意識してもらうことが可能になるためである。

報告内容は、順調な部分は軽く、経営レベルの課題を中心とし、常に経営トップのコミットを得られる環境を整えておこう。

⑥本社部門に自分事と思わせる

「合併後の業務の調整で忙しいので、システムのことはシステム部門同士でやってくれ」という申し出は危険である。システムは業務プロセスそのものであり、合併後の自分たちの仕事のやり方を決める作業の一つであることを理解させることが重要だ。

少なくとも各部門にシステム統合の窓口責任者を置き、定期的な打ち合わせ・確認ができる体制をとってもらってほしい。

⑦業務の現場教育によって融合・一体感を高める

机上教育（自社内）のためのシステム環境を用意することは当然ながら、推進してほしいのは現場実習、つまり現場のリーダーが一方の会社へ行って予行演習・新会社の事務を習得、その後に現場に戻り、他の従業者へ展開する仕組みである。これが現場間の融合・一体感を早めて合併後の事務の混乱を低減化することにも繋がるのである。

◆システム統合を経験する機会を成長の機会としよう

会社生活の中で会社合併等に伴うシステム統合に遭遇することはめったにない。一度も経験したことのない人が大半だろうし、今後も経験しないで済む確率も高い。だからこそ、システム統合を担うことになった場合は、今まで経験した改善レベルのプロジェクトだけでなく、システム統合の特殊性を踏まえた態勢で臨む必要があるといえる。

近い将来、システム統合という大規模システムプロジェクトを担うことになるＣＩＯにとって、また、システム統合以外の大規模システムプロジェクトでも、前述「システム部門がとるべき態勢」①〜⑦のいずれかは当てはまるところがあるだろう。参考になれば幸いである。

（執筆担当　山内憲二）

山内憲二　1958年福井県生まれ。1980年神戸商科大学（現兵庫県立大学）商経学部卒業。1980年住友海上火災保険（株）［現・三井住友海上火災保険（株）］入社、一貫してシステム部門に従事。2001年三井海上火災保険（株）・住友海上火災保険（株）の合併時にシステム統合推進部門に在籍。2004年三井住友海上きらめき生命保険（株）［現・三井住友海上あいおい生命保険（株）］の事務企画室長。2006年に損保に復帰し、2010年理事IT推進部長、2012年執行役員に就任。2010年あいおい損保及びニッセイ同和損保との経営統合（ＭＳ＆ＡＤグループ）ではシステム統合の責任者となる。2014年ＭＳ＆ＡＤシステムズ代表取締役社長に就任、2019年退任。退任後はＩＴ会社の顧問及びプライバシーマーク審査員として活動。2022年NPO法人CIO Loungeに入会。

第5章　セキュリティのめざすべき目標と課題

1．情報セキュリティ対策はどこまですべきか

情報セキュリティ事件が頻繁に発生する昨今、組織や企業のCISO（最高情報セキュリティ責任者）、情報セキュリティ部門長や管理職にとって、サイバー攻撃など外部からの攻撃に注意を払いつつ、同時に内部不正など社内からの情報流出をいかに防止するか、昼夜問わず心身が休まる時間がないのではなかろうか。

そのような中、ある程度の情報セキュリティ対策を行っている組織や企業にとって、今後どのような対策をどのくらいの費用をかけ、またどの程度の要員を確保して運用していけばよいかなど、検討すべき喫緊の課題が山積みとなっていることだろう。

本論に入る前に、そもそもなぜ情報セキュリティ対策を行う必要があるのか、簡単に確認しておきたい。

◆情報セキュリティ対策とは

企業が保有する資産の中で、現預金などの流動資産や設備などの固定資産などはその価値が明確である。一方、情報資産は、その価値が確定しているわけではない。事業を展開して売上を伸ばし利益を計上していく上で活用できる情報資産の価値は算定不可能だ。見方によっては無限とも言えるかもしれない。そのような情報資産を守ることが、情報セキュリティ対策の目的となる。

ここでいう情報資産とは、製品開発のために長年研究してきた技術情報や生産ノウハウ、取引の過程で入手した個人情報も含む。多くの顧客の個人情報を保有することが決め手となる業種も数多くある。

サイバー攻撃によってシステムが停止し、業務が中断してしまい製品を製造できない、あるいは、サプライチェーンに問題が発生してエンドユーザーへ製品を届けることができないなど、顧客に迷惑をかけてしまうトラブルに見舞われるかもしれない。さらに、例えば病院での診療中止や金融機関における入出金業務の停止など、業種によってはサービスが停止することにより既存の顧客だけでなく社会にも大きな影響を及ぼす可能性もある。

このように、価値ある情報資産の適切な管理・利活用やサービス・システムの停止を防ぐために、情報セキュリティ対策を行う。ともすると、情報セキュリティ対策を行うことが目的化してしまう場合があるかもしれない。どのような影響があり、またリスクがあるかわからないまま、他社が導入しているから取りあえずこのソリューションを導入しようといった、安直な判断で選択することがないよう心掛けたいものである。

一般に情報セキュリティ対策とは、①人的対策、②運用も含めた組織対策、③セキュリティソリューション導入などの技術的対策、④物理的対策の大きく四つの対策に分かれる。本稿では、これら四つの情報セキュリティ対策を体系的に説明していくのではなく、もっとも資金を要するであろう③の技術的対策に焦点を当てて説明する。

◆セキュリティソリューションの導入対応（技術的対策）

セキュリティソリューション（以下、ソリューションという）導入の契機については、以下の項目が挙げられる。ただし、項目によってその程度・レベルは異なる。

①自社において、インシデントが発生した
②情報セキュリティ関連法令の施行・改正
③親会社からの指示、自社の経営戦略に基づく対応、経営層からの指示
④自社に関連する業界や組織におけるインシデントの発生
⑤販売先や関係企業からの要請や取引条件

⑥社会的責任の達成
⑦セキュリティベンダーからの提案・売り込み
⑧自社の脆弱性分析結果
⑨（同業）他社の導入事例
⑩特定のインシデントの発生

経験的に言えば、やはり情報セキュリティ部門内部からの発議や取り組みの提案よりも、外部からのアプローチや要請などによるほうがインパクトは大きく、導入できる可能性が高くなる。つまり、インシデントの発生や親会社からの指示、法令対応、販売先からの要請などである。

情報セキュリティ部門としては、外部要因[*25]であれ内部要因であれ、これらきっかけとなる事案が発生した際、その**タイミングを逃さず、うまく活かして導入できるよう、日頃からソリューションの情報収集・調査・検討を行い、ある程度準備しておく**必要があるのは言うまでもないことである。

どんな準備をしておくか

では具体的にどのような準備をしておく必要があるのだろうか。

先に述べたように、事前の情報収集は欠かせないだろう。具体的には、サーバー・エンドポイント・ネットワーク・クラウドなどの項目に分け、機能・コスト（初期導入・運用）・開発ベンダー・ソリューションの流通販社・国内向けのみか海外導入可能か・導入ユーザー数・導入済みの企業名・評価などを一覧表に整理しておくと便利である。

　情報収集の仕事は、多くのＩＴベンダーが開催するセミナーへの参加や個別の打ち合わせを通じて行うことになる。本来業務がある中でこれらを計画的に実施するのは、手間暇のかかる仕事だ。さらに先に挙げた一覧表を作るだけでは、情報セキュリティ部門以外の経営層や経営企画部門・事業部門など他部門のメンバーが容易に理解することが難しい場合も多い。ひと目でわかるイラストなどを入れ、図式化するなど、わかりやすくする工夫が不可欠である。

　現役時代には、ＩＴベンダーとの打ち合わせや部門内での会議においては、情報セキュリティの専門家であるという自負もあり、ともすると専門用語や3文字英語ばかりの資料を作成し打ち合わせしたこともあった。しかし、これでは経営層は理解できない。パッと見て簡単にイメージや内容をつかめる図式化は意外と難しく苦労する。

　だが、専門家ではない経営層にとっては、文字が並ぶ一覧表形式よりもイラストのほうがはるかに訴求効果がある。[*26] **専門用語を駆使した提案がかえって経営層や他部門との間でのコミュニケーションギャップを生み、意思疎通を阻害して稟議承認に手間取ったり、逆に経営層からの丸投げ状態の原因になっている**かもしれないと常に内省しておくことが重要である。

◆どのようなソリューションを導入するか（キッカケ別の対応方法）

ソリューションに関する一定の知見をすでに有していることを大前提とした上で、次に、どのようなソリューションを導入するのか、その選別について考えていこう。

導入にはそれぞれの契機となった事案があり、それに対応した機能を持つソリューションを選択することになるだろうが、その個別の目的や狙いを明確にする一方、同じような機能を持つ複数のソリューションをいかに選別するかが難しいところである。

ともすると、コスト比較に重点を置いて選んだ結果、運用に手間暇がかかるソリューションを導入してしまうことがありがちである。特殊なあるいは高度な機能を求めた結果、初期設定が難しく、十分機能を活かすことができないといったケースも見られる。あの企業が導入しているようだから、ウチも導入しろと、経営層からの指示があって導入しても自社ではスキル不足で扱いにくいソリューションだったりすることもある。

本稿のメインテーマでもある「情報セキュリティ対策はどこまですべきか」の判断は困難を極めるものである。

金融機関や防衛産業、社会インフラを担う企業などの経営層は、情報セキュリティ案件に対する理解度が高く、社会的要請もあるため、ソリューション導入に比較的前向きである。また、2022年5月に成立した経済安全保障推進法に基づき、特定社会基盤事業者の14業種においては、基幹システムの導入や更改の際に事前審査の対象と定めた。

一方、一般の企業では、情報セキュリティ対策はコストと見なす考え方が主流のため、導入しないで済むならそれに越したことがない程度の考えを持つ企業も少なくない。東京証券取引所に上場する事業規模の企業であっても考え方はさまざまである。情報セキュリティのトップランナーになることはなくとも業界平均程度には対応するのが落としどころと見ている企業が大半なのではないだろうか。とはいえ、そのような企業でも、ひとたび自社内にインシデントが発生して新聞報道されるなど公になった場合、インシデントによるダメージの大きさ次第では、再発防止の観点から積極的に対応する方向に転換する場合が多くなる。

本稿では、先に挙げた①～⑩のうち、法令や社会的要請、他社動向、インシデントの発生による対応など、外部からのきっかけを中心に対策を検討して記載していく。

とはいえ、筆者としては、本来は⑧で挙げた「自社の脆弱性分析結果」により識別したリスク要素を根拠にしてリスクマネジメントを行うのがあるべき姿ではないかと考えている。リスクマネジメントとは、リスクの識別・洗い出し、リスク評価、リスク対応、残存リスクの評価などのレビューとモニタリングを実施する一連のプロセスである。自社の事業やシステムを深く理解しているメンバーが行うこの地道で精緻な分析や評価に基づく対応プロセスこそが、「情報セキュリティ対策をどこまですべきか」の裏付けとなり、最終的にはステークホルダーに対しても説明できる根拠になるのではないだろうか。

【①④⑩の契機に対するソリューション】
（①自社において、インシデントが発生した）
（④自社に関連する業界や組織におけるインシデントの発生）
（⑩特定のインシデントの発生）

発生した、あるいは想定したインシデントに対し、検知・防御・対応を行う、再発防止可能なソリューション

【②④⑨の契機に対するソリューション】
（②情報セキュリティ関連法令の施行・改正）
（④自社に関連する業界や組織におけるインシデントの発生）
（⑨（同業）他社の導入事例）

同業他社（同業の上場企業）の平均的水準のレベルに維持可能なソリューション。金融機関の場合は、システムの安定性・堅牢性を求められることもあり、最高水準のソリューションを導入することが多い。

【②③⑤の契機に対するソリューション】

（②情報セキュリティ関連法令の施行・改正）

（③親会社からの指示、自社の経営戦略に基づく対応、経営層からの指示）

（⑤販売先や関係企業からの要請や取引条件）

具体的に指示のあった、あるいは求められている内容や水準、条件に対応するソリューション

【⑧の契機に対するソリューション】

（⑧自社の脆弱性分析結果）

自社の脆弱性をカバーできるソリューション。実施は承認された予算の範囲内となるもの の、あらかじめ導入したいソリューションの優先順位はつけておく。


なお、①〜⑩すべての場合に共通して、すでに導入しているソリューションで対応可能かどうかや導入済みのソフトウエアと相性が合うかどうか、あるいは本当に当該ソリューションでないとダメなのかといった必要性の検討、導入後の残存リスクはどのくらいあるかなどについても検討しておくことが重要である。

◆導入対象ソリューションの決定プロセス

ある程度導入対象のソリューションが絞られたら、対象ソリューションに関する詳細な調査を行う。基本的にベンダーはセールスが目的であり、本音を聞き出しにくい場合も多い。このため、できるだけ導入済みの他社からヒアリングを行って、事前に課題や問題点をつかんでおくことをお勧めする。

またグローバル企業の場合、海外拠点での導入も併せて検討する組織や企業もあるだろう。グローバルで調達すれば、ボリュームディスカウントが利き、単価が下がるという発想である。価格面を抑えることも重要ながら、それぞれの海外拠点が当該ソリューションを運用できるかどうかは重要な検討ポイントとなる。特に、M&Aでグループ企業となった海外企業は一筋縄ではいかない。ITやセキュリティに関する独自の考え方があるからだ。さらに、一定の歴史のある海外拠点では、地場のITベンダーとの取引関係があり、運用面まで考慮すると、強引に日本からの導入指示が結果的に情報セキュリティ強化に繋がり得るかどうかは疑問である。詳細な検討が必要といえるだろう。

以下に、導入時の決定プロセスでチェックしておきたい項目を示す。

1　ベンダーヒアリング（機能／効果、導入コスト・運用コスト、求められるスキル・運用負担、他の導入済みソリューションとの適合性、他社導入状況や市場シェアなど）

2　導入済み他社からのヒアリングやガートナー等第三者機関の評価（選択理由、利用機能／効果、コスト、運用負担など）

3　すでに導入済みのソリューションや自社システム環境（ネットワークへの負荷など）との整合

4　同様の機能を有する他のソリューションとの比較

◆予算計画の立案方針

次に超えるべきハードルは予算面である。通常、期末頃には翌期の予算を確定させている。その観点で逆算すれば、早め早めに前述の情報収集を行い、予算案を作成しておくことが重要となるのは明らかである。次に、情報セキュリティの予算配賦例を以下に示す。

ア　ＩＴ予算のうち、一定割合

イ　ＩＴ予算とは関係なく、必要な予算を立案

ウ　複数の事業部門がある場合、該当する事業部門との調整

予算立案に際し、情報セキュリティ部門が企業内でどのような位置付けにあるかは重要なポイントの一つである。例えば、ＩＴ部門の中に情報セキュリティ部門が設置されている場合、ＩＴ部門全体の予算の多寡に影響されることがある。企業によっては、ＩＴ部門予算の

10％と割合を決めて予算確保しているケースもある（アのケース）。

また、ＩＴ部門の全体予算は決まっていても。その中での配賦割合は固定せず、必要に応じて決定する企業も多い（イのケース）。

さらに、複数の事業部門を有している大企業の場合、事業部門予算でソリューションを導入することもあり、その場合は、当該事業部門とあらかじめ協議の上、予算化してもらう必要が生じる（ウのケース）。この場合、当該事業部門での優先順位付けにより、他の予算項目に劣後してしまうことがままある。いくら情報セキュリティ案件といっても、事業部門は自部門なりの理屈があり、説得しきれないことも多い。

さらに会社全体で縮小予算を組むことになり、経営企画部門から厳しく統制されることもあり、ソリューションの導入を断念せざるを得ないケースもある。

恵まれたケースでは、情報セキュリティ強化が経営課題として喫緊のテーマとなり、優先的に予算配賦が実現する企業や、ＩＴガバナンスあるいは情報セキュリティガバナンスが強く、容易に予算確保ができる企業もある。

◆情報セキュリティ対策の導入プロセス

このようなプロセスを経て、ようやくソリューション導入ステップにたどり着く。ここからは慎重に、ミスなく導入を進めていく必要がある。

具体的には、①ソリューションのPOC計画を立案し、また、すでに導入している他社への詳細ヒアリングを行う。②ヒアリング結果を踏まえて、試験的に小さい部署から導入し、担当する要員の研修・トレーニングも併せて実施する。また、当該ソリューションの機能や効果について、事前に検討した通りかどうかの確認を行う。製造業においては、特に工場などの現業部門に導入する場合は、製造に影響が出ないか、特に厳密に確認する。③トレーニング状況や確認結果を踏まえて、全社導入計画を立案の上、導入を進める。

◆人材育成も並行して実施を

情報セキュリティ対策として、ソリューション導入の考え方を整理してきた。実際に稟議を申請すると「金食い虫」と非難される立場の方も多いことだろう。比較的資金を要さず情報セキュリティ強化に繋がる方法としては、社員への教育・研修が挙げられる。必要な人に必要な研修を行い、まずはルール違反やうっかりミスをなくす努力も並行して行うことも重要である。

本稿が、インシデントが発生しない、あるいは万が一発生しても被害を拡大させず封じ込めることができるよう情報セキュリティ対策の一助になれば幸いである。

（執筆担当　四本英夫）

2．DX時代のOTセキュリティの在り方

ＤＸの進展を受けて、ＩＴセキュリティについては大手企業にとどまらず多くの企業で対策が進んでいる。一方で、ＯＴ（Operational Technology）セキュリティについての取り組みは遅れている企業が多い。その要因として、ＩＴシステムとは異なるＯＴシステムの以下の四つの要因が考えられる。

１　ＯＴシステムはインターネットと分離されておりセキュリティ対策は不要と考えている。

２　古いＯＳやシステムを長期にわたって使用しているため、対策そのものが難しい。

３　可用性が強く求められるため、遅延・停止が認められない。

４　製造部門においてコストダウンや生産性向上への投資は必要不可欠であるものの、セキュリティに対する投資は優先順位が低く、そもそも投資ではなくコストと見られている。

そのような背景を持つＯＴではあるが、近年製造現場にもＩｏＴ、５Ｇ、ＡＩが導入されるようになり、それに伴ってセキュリティリスクの高まりが問題視されてきた。実際日本で

OTセキュリティ　工場や生産拠点の監視・制御をはじめ、交通機関や医療機関にいたるまでさまざまな制御システムやデバイスを保護すること。

も、2020年以降に製造業で多くのインシデントが発生し、報道されたこともある。

OTセキュリティインシデントの怖さはその影響の大きさである。工場が数日停止するだけで莫大な損害が発生する。統計データを見てもICS・CERTによって公表された脆弱性は、2020年下半期と比較して、2021年上半期に44%増加した。影響を受けたベンダーの数は5%増にとどまったが、製品数は19%増加したのである。

◆OTセキュリティの3つのハードル

OTセキュリティのリスクの高さが企業として理解できても、さらに次の三つのハードルが待ち受けている。

［ハードル1］　経営者あるいは製造部門のトップが、直接の価値を生まないセキュリティ対策に費用を費やすことを理解できない。たとえ理解できても納得ができず、決裁が出ない。

［ハードル2］　セキュリティに関わる責任はコーポレートのIT部門が担うことになるが、コーポレートのIT部門はOTシステムの仕組みがわからない。一方、製造のIT担当はOTシステムのことはわかるがセキュリティには詳しくない。その結果としてお見合い状態となり対策が進まないケースが多く見られる。最悪の場合、コーポレートのIT部門と製造のIT部門が仲違いをしてしまい責任のなすり付け合いをするケースもある。

［ハードル3］　比較的大手企業でも、ITネットワークとOTネットワークが明確には分

離されておらず、どちらか一方が攻撃を受けるとすべてに影響が発生するリスクを抱えている。これに関しても抜本的な対策を講じるには相当な費用と期間が必要となる。結果的に担当者としては躊躇してしまい、これも進まない要因となってる。

◆OTセキュリティのハードルにどう取り組むか

それでは、これら三つのハードルに対し、CIOとしてどのように取り組むべきであろうか。以下、順に見ていこう。

［ハードル1への対応］　まず、経営者は当然のことながら数字には敏感である。そこで、工場でインシデントが発生した場合の損失を、多少無理やりでもよいから数値化することが重要となる。これで経営者は反応を示すはずだ。

また、業界によっては一定のセキュリティレベルをクリアしていないと取引さえしてもらえない場合がある。このような風潮をうまく取り込み、外圧を利用するのも手である。

さらに、同業他社のセキュリティ対策を見える化し、自社が同業他社と比べてどこまで対策ができているかを明らかにしていく。ここで同業他社より大きく劣っているようだと、経営者がレベルを揃えるよう指示を出す可能性が高まるだろう。

［ハードル2への対応］　会社の状況によっても異なるとはいえ、コーポレートのIT部門がOTセキュリティに関しても責任をもつよう腹を括るしか手はないだろう。いずれにして

もセキュリティ絡みでインシデントが発生すればコーポレートＩＴが経営者から責任を問われる可能性が高いからである。

［ハードル３への対応］　一挙に対応をしようとせず、できるものから、あるいはリスクの大きなところからスタートし、時間をかけて徐々に拡大する方法が現実的といえる。

◆Purdueモデルによる対策

ここからは、Purdueモデルをベースにした対策を見ていこう。Purdueモデルとは、ＯＴとＩＴをレベル０からレベル５までの六つのレベルに分けて考えるモデルである。このうちレベル０から３は物理的な装置の制御を含むＯＴゾーンとされ、極めて厳格なセキュリティ保護が要求される。

理想的にはPurdueモデルをベースにネットワーク構成を検討することがよいとは思うが、一足飛びにここに至るには非常にハードルが高い。以下のステップを踏んで対策を進める必要があるだろう（図表２－２）。

［ステップ１］　ＯＴセキュリティに関わる権限と責任の明確化

はじめに、ＯＴセキュリティに関わる権限と責任をどこの部署が負うのかを明確にする必要がある。これに関しては企業としての考え方があるため、正解が存在するわけではない。

図表2-2　Purdueモデル

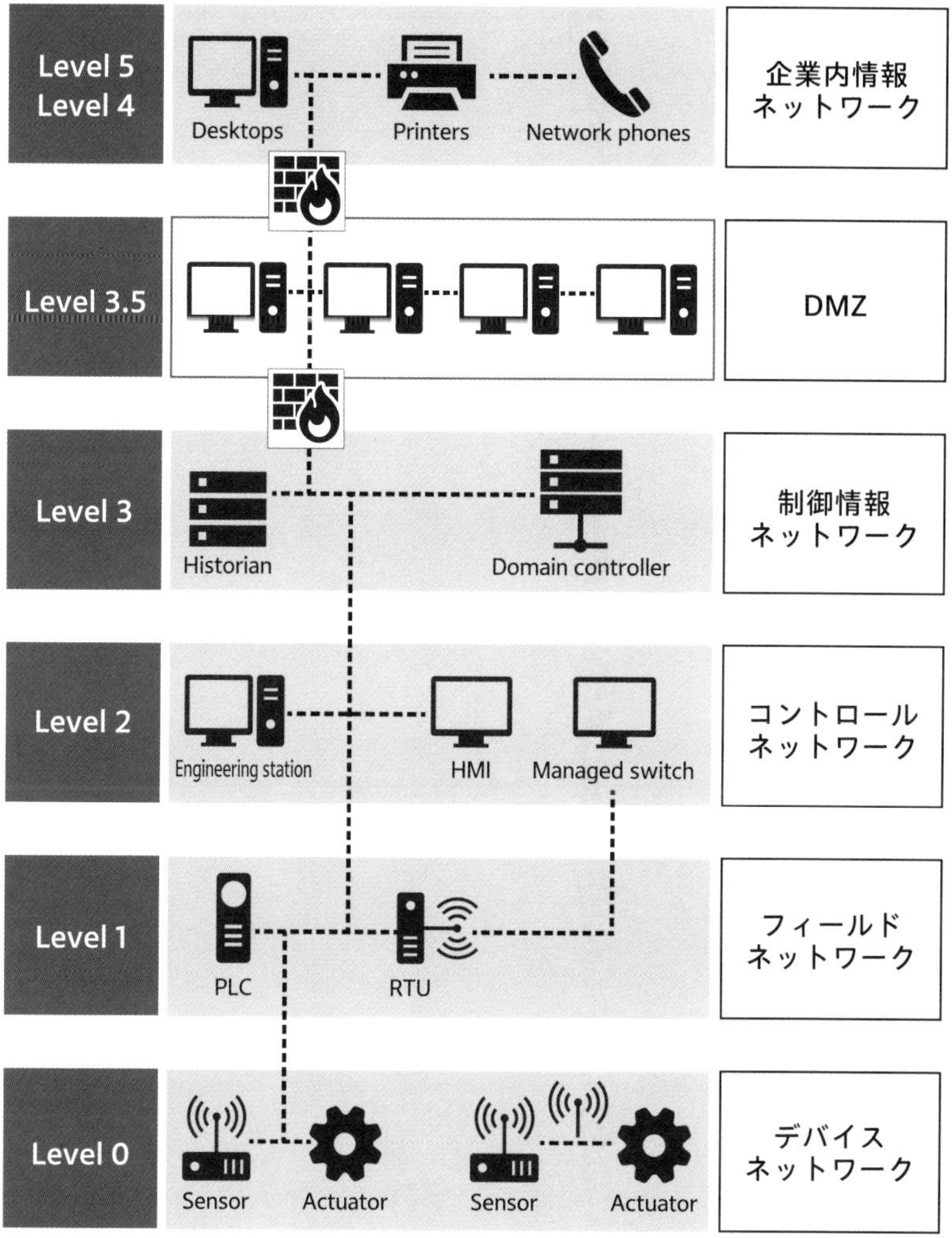

出典：著者作成

ただし、予算や運用を考えるとコーポレートのIT部門のサポートのもとで製造のIT部門が負う形が現実的ではないかと思われる。無論、大手企業であればIT・OTすべてを統括する専任部署があるだろう。専門の部署がベストではあるが、すべての企業がそのような部署を抱えることができるわけではない。いずれにしても、権限と責任の所在は明確にしておかないと後々面倒なことになることは避けられない。

予算に関しても正解があるわけではないが、一般的にはその便益を受ける部門が予算取りをして費用負担することが多いと思われるので、製造部門だと思われる。ただ、コンプライアンス・ガバナンスに関わることだと考えればコーポレートのIT部門が費用負担するのも十分あり得る。ただし、海外の現地法人の場合は移転価格の問題があるので慎重に考えるべきだ。

また、一般的に製造部門はセキュリティに対して関心が薄い傾向があるため、セキュリティに関する教育も必要となるが、その場合はコーポレートのIT部門がその計画から立案・実施を担うべきだろう。

［ステップ2］　セキュリティ強化ロードマップ作成

自社がセキュリティに関して現状どのあたりにいるのかを明確にし、その上で何をどの程度まで目指すのかを整理したロードマップを作成する。セキュリティに完全はあり得ない。また、完璧な対策を目指そうとすると膨大な費用と時間がかかるだけでメリットはない。現在位置からの最適化を図るのが重要となる。

規制などの外圧や、取引先からの要求、インシデント発生時の影響度合いの大きさなど、自社の置かれている環境を踏まえ、セキュリティ対策の現状を把握しつつ、理想像としてどのような状態を目指すのかを明確にする。その際、どの領域に対し重点的に対策を講じるかなど、優先度を踏まえメリハリを付けることも重要である。選択と集中により、対策の期間と費用が明確になって予算化が可能になり、計画を立てることができる。このロードマップがないと、経営陣を説得することもできないだろう。

では、どのようにロードマップを作成するかだが、ここは重要なので少し紙面を割いて説明したい。

まずは「対策のレベル」を何も対策が講じられていない「無策」の状態から最新のセキュリティ脅威に対応できる「完全」な状態の5段階程度に分ける。次に「対策のカテゴリー」を次の四つ程度に分類する。
①セキュリティ対策に関わる組織やルールを規定した「セキュリティマネジメント」
②インシデントが発生した際の組織対応やプロセスを定義した「インシデントレスポンス」
③社外からの攻撃に対する対策のレベルを定義した「外部攻撃対策」
④内部の故意・不知による漏洩等に対する対策のレベルを定義した「内部漏洩対策」

このように「対策のレベル」と「対策のカテゴリー」のマトリックスで自社の現在の立ち位置を見える化し、目指すレベルを決定すれば、現在の立ち位置と目指すレベルのギャップが対策となるので何をすべきかが明確になる。

［ステップ3］　ネットワークとリスクのアセスメント実施

ＯＴシステム上の脆弱性診断、資産把握、ネットワークのリアルタイムモニタリングや異常検知を一定期間実施することにより、ＯＴネットワークに潜むリスクの洗い出しが可能となる。このアセスメントで明確になったリスクを分類し、リスク度と発生確率を踏まえて対策の優先順位を決定し、対策を講じることが重要になる。明確になったリスクに対しては解決を図るソリューションを提供するいくつかの製品が存在する。

リスクアセスメントに関しては、セキュリティマネジメントが国際標準に適合しているかどうかを、ＩＥＣ６２４４３を基準として評価するのがよいだろう。

［ステップ4］　セキュリティ対策の実施と運用

ここからようやく、実際に対策を実施し運用がスタートする。ＯＴセキュリティに関してはＩＴセキュリティほどにインシデントは発生しないと考えられるが、一方で24時間３６５日の監視体制が必要となることが多い。自社ですべてを構築し運用するのはコストもかかり現場の負担も増えるため、SOC（Security Operation Center）のサービスを活用するのが現実的だろう。

【ステップ5】　サイバートレーニングサービス

最後に、万が一インシデントが発生した際の手順や報告・承認ルートを明確にしておくとともに、社外に向けたリリースや記者会見などのトレーニングを定期的に実施しておくことが望ましい。これをやっておかないと、いざとなった際に戸惑ってうまく対応できなくなる恐れがある。社外リリースを含めた社外対応を誤るとレピュテーションリスク（自社に対するネガティブな評判や噂）が拡大し、金銭的被害を超えて企業価値を大きく毀損する事態に繋がりかねないので特に注意すべきである。

（執筆担当　藤城克也）

藤城克也　1985年小林製薬（株）に入社。人事部門を中心にシェアードサービス部門、経営企画部門、IT部門の責任者を歴任、人事部門では採用から人事制度構築まで幅広く担当、シェアードサービス部門では間接業務の集約と業務効率化を実行。RPAも早くから導入し、バックオフィスのDX化も推進、経営企画部門では経営戦略の立案、新規事業創出を担当。2016年からCIOとして約7年間、小林製薬グループ全体のシステム開発から運用、情報セキュリティ対策まで幅広くマネジメントを担当。守りのITにおいてはレガシー対策を完了させ、攻めのITにおいては、早くから事業部門とDXに取り組む組織をつくり、それを主導、さらに全社DX推進組織に対しても主要な役割を果たした。また、経営会議メンバーとして、経営陣に対してもデジタルに関わる教育を実施。同社がDXに本格的に取り組む基礎を作り、2022年12月に同社を定年退職。

第6章　グローバル最適化

1. グローバルITガバナンス

日本企業は国内事業の成長が鈍化する中、海外の事業展開を進めている。その際、海外の販売会社、開発会社、製造会社のガバナンスをどのように進めるかは重要な検討事項である。中でもITガバナンスは、セキュリティ、コスト、生産性に大きく影響するものである。

ITガバナンスの目的は、ビジネス目標を実現するために必要なIT統制を行うことであり、情報システムの最適化を進めるための仕組みである。実際、ITガバナンスでは、ガバナンス規定に基づいて、IT戦略を推し進める統治能力と、戦略策定とその実行力が求められる。

また、グローバルで進めるには、いくつかの課題をクリアしていかなければならない。例えば、海外会社のIT部門は、現地法人の配下に属しているケースが多く、指揮命令系統は、現地法人に委ねられる場合、各社が独自のＩＴ化を進めたケースがある。

結果として、バラバラのＩＴシステムが乱立し、個別のＩＴ費用がかかり、また情報の活用、流通の非効率化を生み出している。本項では、どのようにグローバルＩＴガバナンスを進めるべきかを、先行している企業を事例として解説していく。

欧米の企業では、本社に専任のＣＩＯを置き、グローバルに統制しているが、日本企業はなかなか同じようにはできていないことが多い。実際のところ、経理、人事は本社主導で進めることができても、ＩＴは同様に進められないといったケースがよく見られる。

このような現状を抱える理由の一つは、日本企業が、基幹システム中心のＩＴとなっており、企業活動のバックエンドであった状況からの変化に乏しく、２０００年以降に急速に発展してきた直近20年のＩＴが、ビジネスのフロントエンドで必須となるデジタルサービスに変化注力してきた実情に対応できていない点にある。旧態依然のＩＴ機能であれば、個別に技術が進んだとしても、グローバルＩＴガバナンスの必要性は認識されにくいものである。

一方、海外進出を余儀なくされてきた日本企業の間では、世界の流れに逆らえず、ＩＴのグローバル統制の必要性を認めて対応を進めてきている。しかしながら、欧米企業と違い、グローバル全体で統制されたＩＴ部門は、一部の業種を除いて日本企業ではまだ存在が認知されていない。

図表2-3　グローバルITガバナンスがない場合

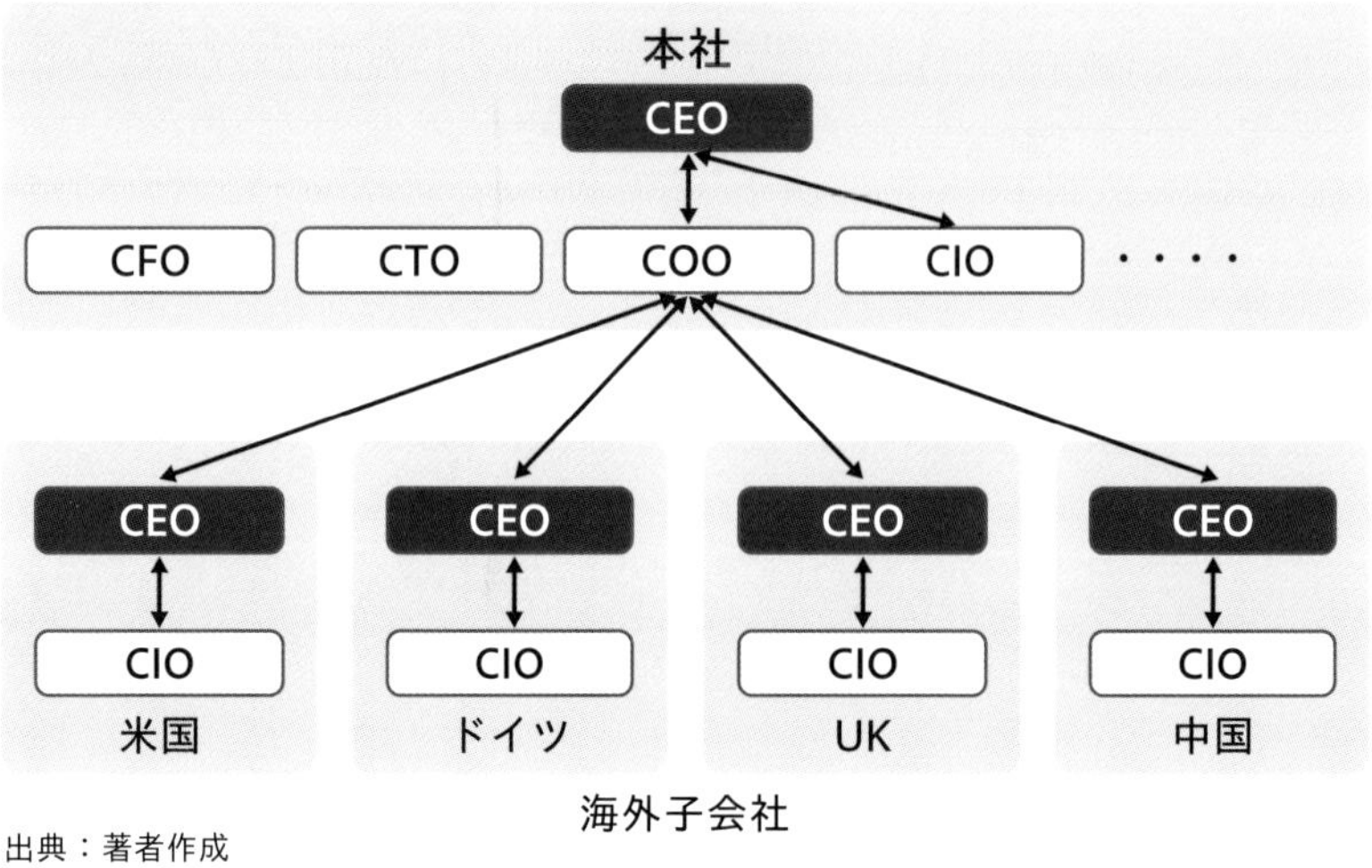

出典：著者作成

以下に、グローバルＩＴガバナンスの展開について、三つのパターンを見ていくことにする。

◆日本本社がグローバルガバナンスを実施

欧米型であり、ＩＴガバナンスモデルとしては、もっとも効率的である。一方で、ローカル要件に対し対応しきれないことから、国による違いや規模による対応が不十分になるというデメリットを抱える。不十分さを補う施策を考慮しないと競争力に課題が生じるだろう。海外からのローカル要件の強い要求に惑わされると、統制がとれる状態にならないことがある。バラバラの状態をただ寄せただけになるからである。実行に対しては強いガバナンス力が日本本社に要求されるだろう。この場合、海外

図表2-4　日本本社がグローバルガバナンスを実施する場合

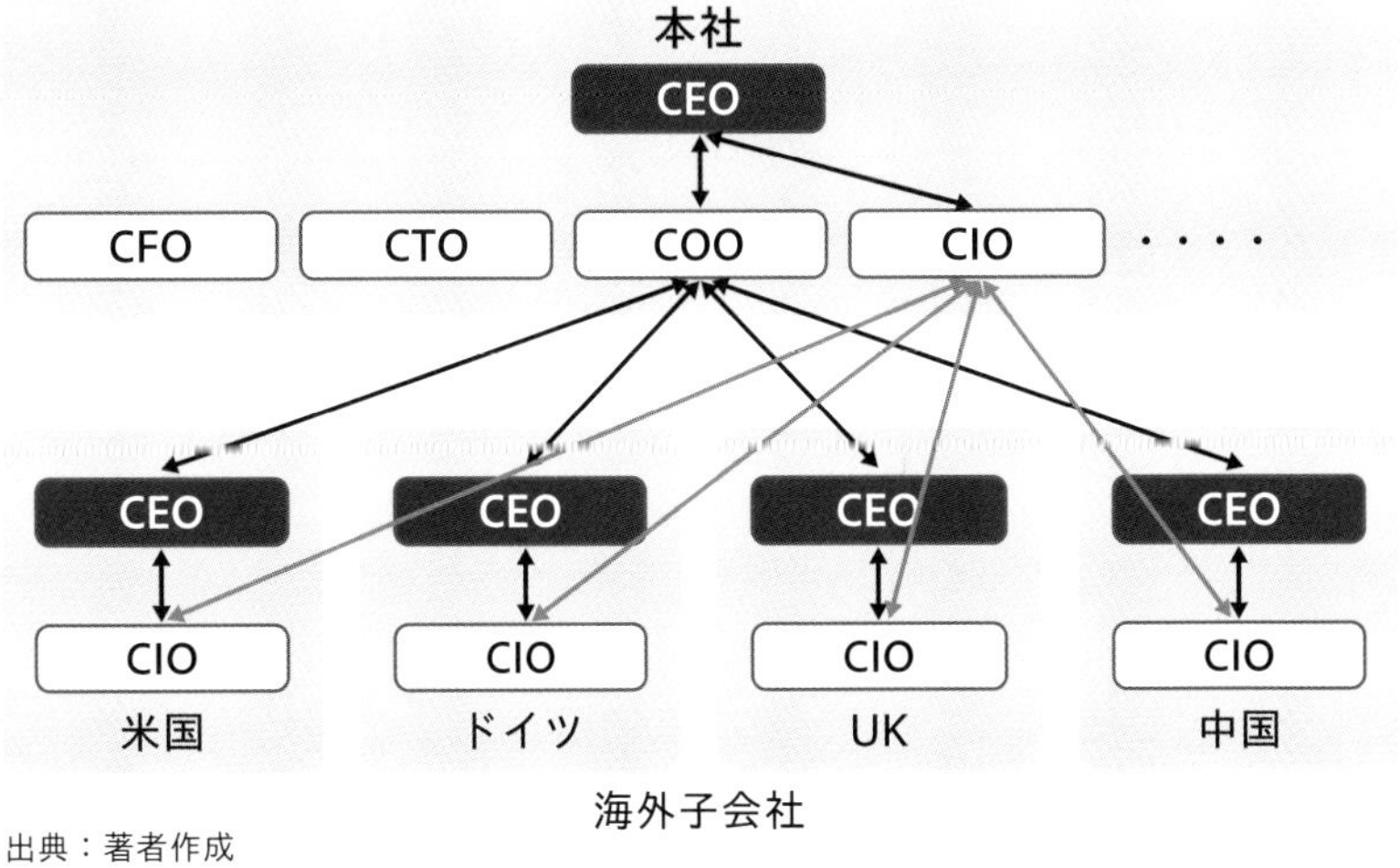

出典：著者作成

子会社のCIOはダブルレポートラインになる（図表2－4）。

◆日本と、それ以外の海外を別ガバナンスとして実施、緩い関係で両立

無理にITガバナンスを一本化しようとせず、必要最低限の共通化を進める方法である。最適化は進めやすいといえるだろう。

日本とそれ以外といった対応となるため、業種業態によっては非常に適用しやすい統制フレームであるものの、グローバルで統一したビジネスには適さないと考えられる（図表2－5）。

◆IT部門がグローバルで統一して、全社の統制を進める

この場合、どのIT部門がリードする

図表2-5　米国CIOが海外を統括、本社CIOと連携する場合

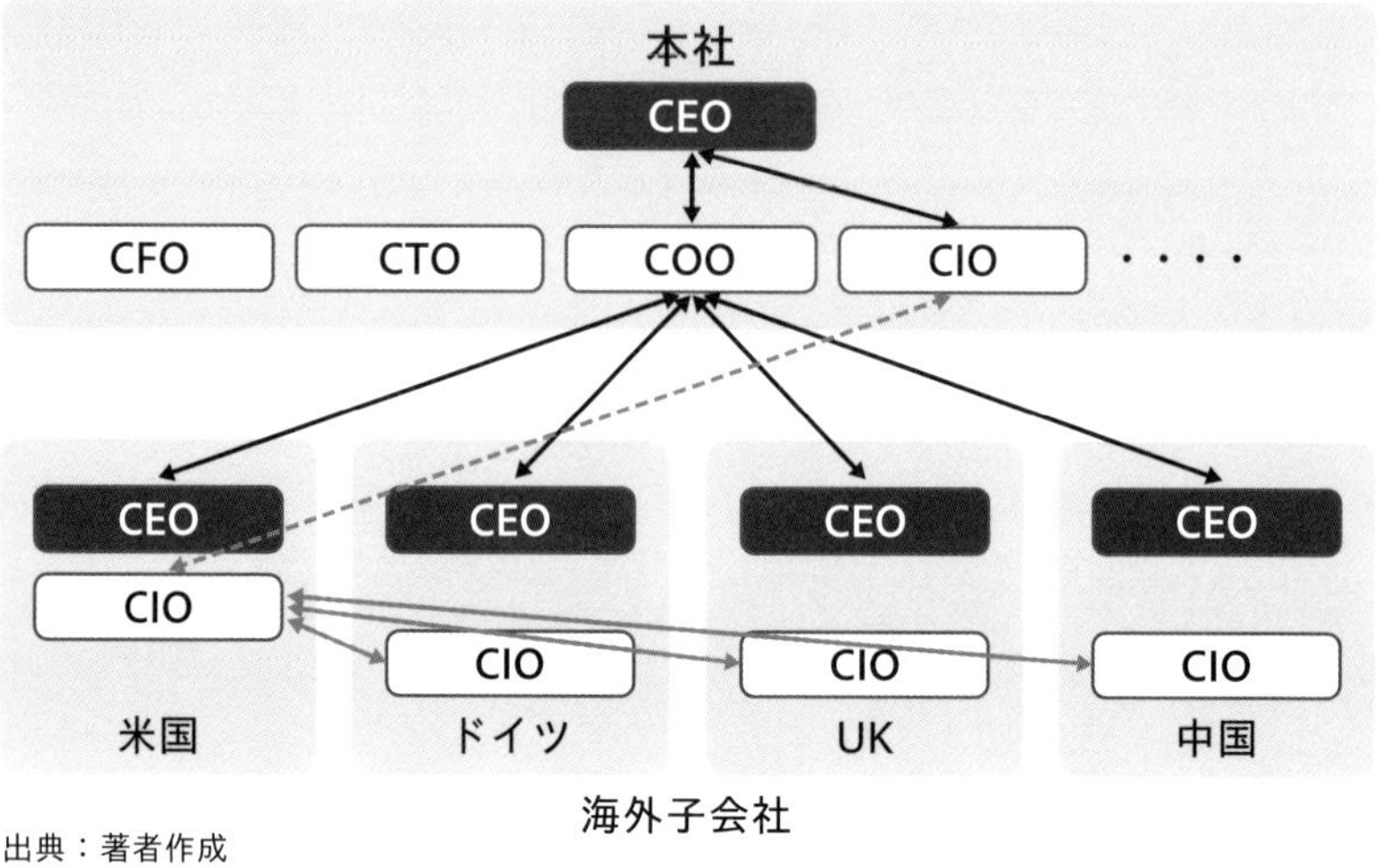

出典：著者作成

か、どのCIOがグローバルCIOになるかを判断し、グローバルという横串でIT機能を稼働させることになる。

海外の主要会社のIT部門が日本本社IT部門よりも先に進んでいて、その施策をグローバルに展開する場合、またはCIOが海外人材で賄われる場合、対応内容は進んでいる部門に日本が合わせていくことになる。例えば、CIO及び本社のIT本部が米国になり、グローバルを統制する形態がある。この欧米型フレームを採用した場合、グローバルでの最適化はもっとも進むものの、日本特有のビジネスモデルへの適用が難しく、国内競争力低下を引き起こす可能性がある（図表2-6）。

どのフレームが適しているかは各社の事情によって異なるため、正解はない。とは

図表2-6　IT部門がグローバル統一のフレームの場合
（本社機構のCIO及びIT部門は日本以外の場合もある）

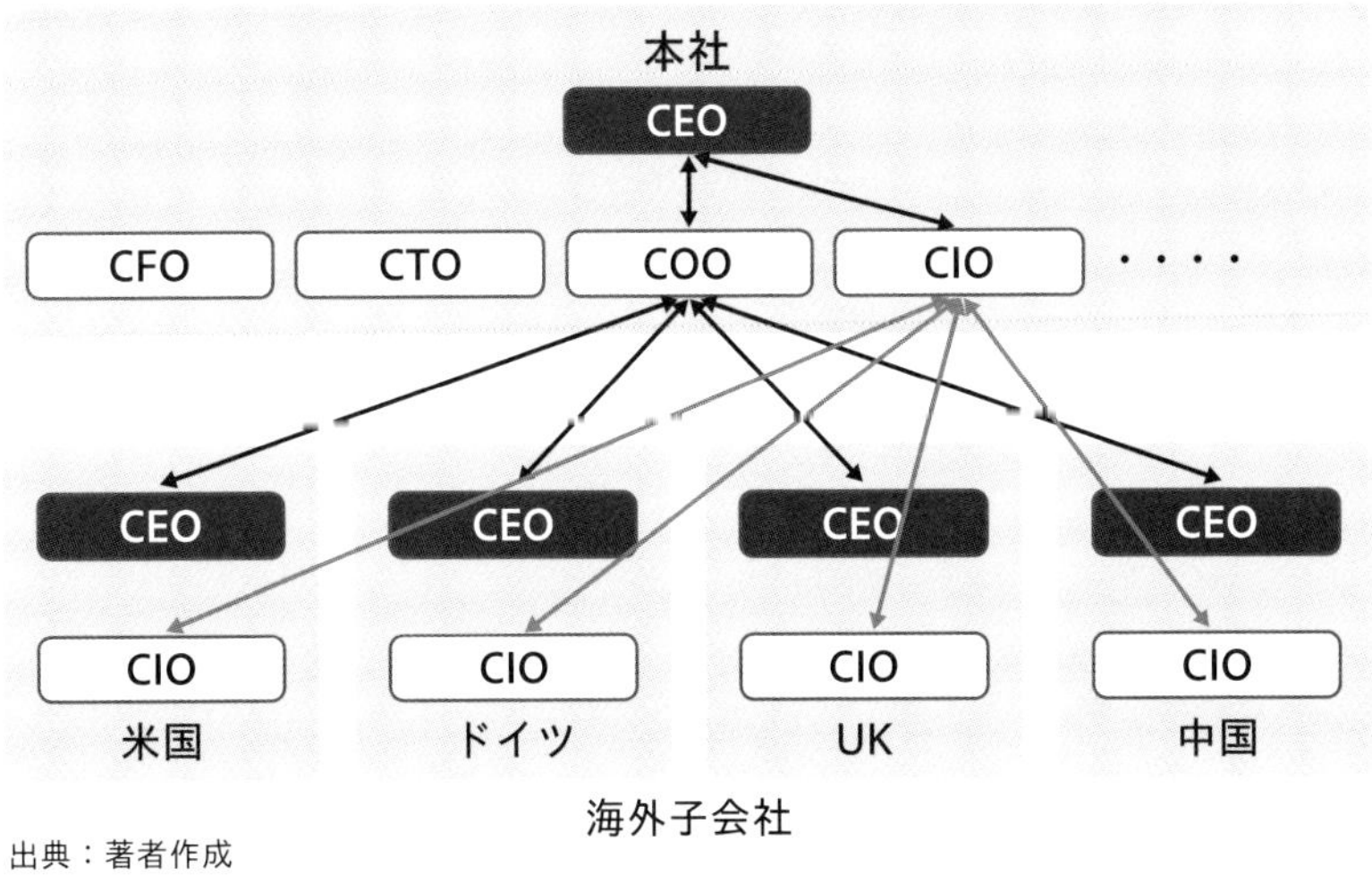

出典：著者作成

いうものの、一度決めたフレームを変更することは困難となることから、自社にとってもっとも効果的と考えられるフレームを慎重に決定する必要がある。

事例企業がグローバルＩＴガバナンスに対応しようとした背景には、デジタル技術の進化により、ＩＴ費用が年々増加していることや、海外売上比率が約80％と海外依存が大きく、それに従い海外のＩＴ費用が増えてきたことが主要因として存在する。

本社主導でグローバルＩＴ戦略を策定し、各国各社がそのグローバルＩＴ戦略に基づく各社施策の展開を進めることを目指すことになるが、その実現にあたっては、スタートから大きな壁に遭遇する。筆者事例の場合がまさにそうだった。

過去30年以上にわたって各社が独自に進めてきたＩＴは、各社なりに効率的な運用となっていた。特に、規模の大きな米国、欧州の販売会社は、ＩＴ費用や人員を含め、本社よりも大きい規模となっている。当然ながら、欧米ＩＴ部門のほうが本社ＩＴ部門より進んでいると自覚していた。これまでのお任せ状態から本社で統制することに変わったことへの抵抗は予想以上に大きなものとなったのだ。

本社策定のグローバルＩＴ戦略周知のため、海外主要各社の社長、ＣＩＯとの会議開催からスタートしたのだが、初回の会議は冷めた反応だった。初版のグローバルＩＴ戦略は、外資系コンサルの提案を参考に策定したもので、体裁はきれいにまとまり見栄えの良いものとなっていたが、一方で具体的施策を進めるには課題山積みの内容で、費用・工数も膨大になっていた。つまり、聞こえは良いが実効性については疑問だらけの戦略を、いきなり日本本社のＩＴ責任者が持ってきた形になったのだ。

綱渡りのような初回ではあったものの、初めて欧米の責任者と話をする際に見栄えは効果的ではあった。このチャンスを活かすため、改定版は、具体的かつ実行可能な施策を盛り込んだ戦略とし、本気度を示す必要がある。

そこでまずは現状調査から始めた。各社のＩＴ人材、ＩＴシステム、ＩＴ費用などの見える化により、As-is（現状）を把握したのである。この情報を得るために初版の戦略が役に立った。次にTo-be（理想）として、ＩＴ統制すべき項目を洗い出し、グループ化のメリット・デメリット、各国各社の事情の考慮を検討した上で、施策の策定及び実行計画に落とし込み、改定版グローバルIT戦略の策定を完了させた。これを題材にして、海外の主要子会社社長、CIOと協議を再開し、定期的なグローバルIT会議の開催の合意にこぎ着け、共通認識の醸成を進めた。その結果、IT部門としての一体感、共通課題への取り組みの協議ができる土壌ができたのである。

フレームは、欧米型に見られる日本本社主導の強制的な施策展開ではなく、一部の施策は米国が、あるいは欧州がリードするといった展開も進め、グローバル化を開始し3年を経て仮想的なグローバルIT組織的な体制とした。仮想的というのは、組織的には各社のIT部門の指揮命令系統は各社の社長にあるからだ。

実際の施策展開においては、各社の社長の意向を反映するため、グローバル全体での効果追求と、各社の利益追求が同じである場合のみ進めることとしたが、違いが生じた場合の施策への合意はほとんど困難となった。具体的には、基幹システムの統廃合、各社独自契約から契約の集約による費用削減、情報セキュリティの実施レベルでの向上、各種施策の展開時に、各社のメリットとグローバルでのメリットの違いが障害となった。この状況は、軋轢を嫌う日本企業が進めた属人的な手法の問題だったといえる。これが欧米企業であれば、トップダウン型の本社CIO主導でのITガバナンス規定周知から入り、子会社の事情はそれほど考慮しないため、各社の抵抗を無視した展開となって、グローバル効果は早めに創出できる可能性がある。

その後は、本社にグローバルＣＩＯが就任し、ＩＴガバナンス規定の策定を開始する。これ以降はＩＴガバナンス規定による、レポートライン、意思決定ルール、既定の範囲を定めることになる。

ＩＴガバナンス規定は、業種業態、海外依存度、海外での活動実態によって内容が大きく異なる。買収などの会社統合においてこの規定がない場合、買収前のデューデリジェンス、買収後の統合に不都合が発生することがある。

新型コロナウイルスのパンデミックのように、世界的規模での経済活動の変動がこれからも容易に起こり得る時代、多様な国々で最適なＩＴ投資を進めるにあたり、ＩＴガバナンス規定はその基盤になり得る。

現在、多くの日本企業がグローバル対応を進めている。[*27]**ＩＴ戦略策定とＩＴガバナンス規定を最初から、同時進行で進めることにより、ＩＴのグローバルガバナンスはより効果的に進められるはずだ。**適合解を求める旅の正解は一つではない。まずは、自社のAs-isと、To-beを具体的に描くところから始めてほしい。

（執筆担当　田井昭）

田井 昭　1957年東京都生まれ。1981年中央大学理学部卒業。1981年小西六写真工業（株）［現・コニカミノルタ（株）］に入社。電子写真の研究を担当しプリンタ製品開発に従事、2011年本社IT部門長、2014年にIT担当役員に就任、ITのグローバル化と技術刷新を推進。2019年同社退職。2019年IT・開発のコンサルティング業を開始、NPO法人CIO Loungeに入会し理事に就任。2021年ELEKS Japan（株）の設立と同時に取締役社長に就任。

2. 日本企業のＩＴ活用によるグローバル最適化〜やるべきこと、やってはいけないこと〜

企業がグローバル化を目指す際の戦略としてよく言われる考え方に、「シンクグローバル（Think Global）・アクトローカル（Act Local）」がある。これは、経営体制や基本理念についてはグローバル統合しつつ（Think Global）、市場の開拓については現地の国や地域の市場環境に即していく（Act Local）という考え方で、会社全体での経営資源の最適配分や業務プロセスの最適化を図るとともに、各地域の顧客ニーズには柔軟に対応していく企業を目指すものである。

しかし、海外進出において、最初からこの姿を描き、かつその通りの展開を実現している企業は非常に稀であり、グローバルでビジネス展開する企業の進め方は各社の実情によってまちまちである。多くの場合、製造・販売などの一部の機能を海外で展開するところから始めているのが現状の姿ではないだろうか。

一方、ＩＴ機能のグローバル展開に目を向けると、海外進出の当初は現地売上規模も小さいことから、ＩＴ基盤構築やＩＴ組織づくりについては現地主体で進めてきた企業が大半だろう。一定の売上規模に達してそれなりの組織機能が現地に出来上がってくると、本社との情報連携などを目的として日本のＩＴ部門が担ぎ出される。海外経験の少ない本社のＩＴ部門に、いきなり多くの開発要求が降りかかってくるのが実態である。

グローバルでの経営情報の見える化、グローバル調達体制の構築、法人統合、個人情報保護対応などのセキュリティ案件、ＥＳＧ経営情報の整備などグローバル案件のプロジェクトは今後も増えていく傾向にあり、ＩＴ部門の責任もより重くなっている。

現在グローバル展開を加速させている日本企業におけるＩＴ部門の状況を整理すると、およそ次の三つのタイプに分けることができる。

- 今までの地域レベルでの最適化からグローバル最適化に着手し、併せてグローバルＩＴ体制の整備を進めている企業
- グローバルプロジェクトの経験の少ない本社ＩＴ部門を持つ企業
- 現在プロジェクトを推進中で、ＩＴ部門が現地法人と本社の板挟みになって課題調整や進め方に苦労しているＩＴ部門を持つ企業

グローバルプロジェクトを開始する企業や現在推進中の企業が、プロジェクトを成功に導くために重要なプロジェクト推進のポイントがいくつかある。以下に詳しく見ていくこととする。

◆グローバルITのグランドデザイン　～グローバル経営戦略の理解とグローバルIT中長期戦略の明確化～

グローバルプロジェクトを始める前にまずやるべきなのは、グローバルITの戦略の見直しである。

現在のIT戦略はグローバル経営戦略と整合性があるかを確認し、経営層を交えてプロジェクトの狙いや目指すべきゴールの姿をしっかりと議論することが重要である。当然ながら経営戦略は会社の将来のあるべき姿を描いている。あるべき姿を実現するために今のIT戦略でいいのか、再度立ち止まって考えるのである。

例えば、経営が海外売上拡大を目指しているのであれば、どのような形でそれを達成しようとしているのかを理解し、その上でIT部門の役割は何かを定義する。IT戦略について経営層と方向を一にすることが重要である。

そして、経営層とIT戦略についての合意が得られたら、その目指す姿の実現に向けた具体的な中長期（10年程度）のITロードマップを描く。このITロードマップは、次に述べるグローバルプロジェクトの準備段階として、経営層や各地域の関係者の意識統一に重要な役割を果たしてくれるだろう。

ITロードマップについては、各企業の業種やビジネス形態によって細かな点はそれぞれ異なるだろうが、必須の構成要素は以下の通りである。

- グローバルビジネスを支えるITプラットフォームの目指す姿とゴールの時期
- ITアーキテクチャー（インフラ戦略、クラウド戦略、サービス活用戦略など）
- ITガバナンスを含めたグローバルなITマネジメント体制のあるべき姿
- 会社全体のIT投資金額の把握と今後目指すべきIT投資の優先順位や水準の設定、地域・国別の資源配分の設定
- ITの導入による効果を最大限に発揮する投資評価基準スキームの実現
- ソーシング戦略（自前でやるもの、外部に任せるものの整理）
- グローバルIT人材の確保、育成の道筋

◆事前準備がプロジェクトの成功を左右する～はじめよければ終わりよし～

IT戦略の見直しができたらいよいよグローバルプロジェクトの準備作業に入る。日本のIT部門がグローバルプロジェクトを推進する際に直面する課題は、大きく次の三つに代表される。

一つめは、言葉や文化の違いによる、情報の収集と伝達に時間が取られてしまうといったコミュニケーションの課題である。二つめは、プロジェクトの決定事項などの意思伝達や共有化などをどのように行っていくかといったガバナンス面の課題である。三つめはプロジェ

クトで課題が発生した際に、本社・現地法人の利害関係者が満足する意思決定をいかに迅速に行うかが難しいという課題である。これらの課題解決に向け、代表的な取り組みを紹介しよう。

第一に、ルールを明確にすることである。例えば、全社共通の重要KPIや、KPIを構成する重要データと業務プロセス標準化を進めるためのガイドライン（ルール）を、英語、フランス語、中国語で作成し、プロジェクトがスタートする前に現地法人の社長クラスから実務マネージャークラス関係者に説明して周知徹底を図ることだ。

第二に、目的の共有化である。本社だけでなく現地法人としてのプロジェクトのゴールを、プロジェクトの開始前に明確化し、共有化を図るとともに、意思決定のプロセスも併せて明確にしておく。先述したプロジェクトの目的をよく確認し、それを実現するITの方向性について、ITロードマップで具体的に現地法人スタッフに説明し、理解を得ることが重要となる。

第三に、システムの維持・管理プロセスの確立である。プロジェクトは、システム開発が終わって完了ではなく、むしろ稼働後にシステムが適切に維持され、計画していた投資効果が出ているかを徹底して追いかけていくことが重要である。

これらの実現のためには、仕組みづくりや組織体制の構築が必要である。その核となるのが、マスターや経営重要データの標準化に関する責任をもつデータオーナーと業務プロセスの標準化に責任をもつプロセスオーナーの存在である。

そして、データの管理と業務プロセスの標準化で重要となるのが、標準化レベルの定義である。標準化を決める要素として、本社によるガバナンスの有効性の確保と、各地域・国における管理の簡便性を考慮し、標準化項目のレベルを規定することが重要となる。

業務プロセスの標準化で見れば、全世界共通（グローバル）、地域共通（リージョナル）、各国（ローカル）の三つのレベルが妥当と考えられる。

◆業務部門（ユーザー部門）が主役のプロジェクトを推進

大規模プロジェクトになれば当然ながら、ＰＭＯが設置される。プロジェクトオーナー、プロジェクトリーダーが任命され、傘下にはプロジェクト経験豊富な人材が投入されるだろう。システムの再構築プロジェクトの場合、どちらかといえばＩＴ部門が中心となって進めるプロジェクトだとユーザー側も思い込んでしまう傾向にある。

その理由の一つは、ＩＴ部門がプロジェクト体制をつくるとシステム開発中心の組織構成になりがちだということが挙げられよう。グローバルプロジェクトの場合には、ユーザー部門（業務部門）は海外の現地が中心となることから、最初からユーザー部門にもしっかりと責任と権限を持たせ、ユーザー部門を巻き込んだプロジェクト推進体制をつくることが肝要である。

すなわち、ユーザー部門の誰がどのような役割を持って、どのような判断を行い、決定するのかを、具体的にルールブック等に記載し、プロジェクトの関係者の誰もがその内容にいつでもアクセスできるようにすることが重要となる。

また、当然ながら、本社及び現地法人の経営層にもプロジェクトへの参画を促し、会議体やレポーティングといった、業務プロセスの標準化などの決定に積極的に関与できる仕組みづくりも不可欠である。業務標準化の立案・決定はIT部門でなく業務部門も交えて議論を進め、最終的には経営層からの参加メンバーが承認する方法をとるべきと考えられる。

◆グローバルIT人材の育成と確保

多くの日本企業の海外におけるIT機能は、現地法人主体で整備されてきている事例が多い。またその場合も、販売売上重視、マーケティング重視の戦略から現地ITへの投資は少なく、その結果として現地IT組織は必要最低限に抑えられた少人数体制でスタートし運営してきたのが実情だろう。本社のIT部門も日本国内の活動が中心であり、海外のシステム構築は現法任せで本社はセキュリティなど最小限のガバナンスのみ行ってきた実態がある。

しかし、現在は、ビジネス活動において国内外の境界がなくなりIT部門もグローバルで活躍できる人材の育成と確保が重要となっている。現地ＩＴ機能の強化も重要だが、本社ＩＴ機能のグローバル化がより重要だといえる。

とはいえ、これまで日本国内を中心に活動してきた人たちがいきなり海外を担当することには大きな戸惑いや不安もあるだろう。このためにも、本社ＩＴ部門のグローバル化に向けた人材育成のアクションプランを今すぐに開始することが重要である。

その対応としては、次の三つの施策が考えられる。

・現在ＩＴ部門に在籍しているメンバーの不安解消策の実行
・多様な人材の確保
・本社ＩＴ部門機能の柔軟性の確保

一つめの施策である現在ＩＴ部門に在籍しているメンバーに対しては、英会話教育の支援や事業部担当者と一緒に海外出張を経験させよう。現地スタッフとのコミュニケーションづくりも一つの方法である。リモート会議の普及で出張が減る傾向にはあるが、現地訪問による人脈づくりも重要な人材育成手段である。

二つめの多様な人材の確保については、海外プロジェクトの経験がある外部人材の採用があるが、それだけではなく、中長期的に人材を育成していく観点から業務部門とＩＴ部門の人材の相互ローテーションを最優先実施項目として考えるべきである。

業務経験者には3年など期間を限定してＩＴ部門で仕事をしてもらい、任期が終了したら元の職場に復帰し活躍してもらう。また、ＩＴ部門の人間も、業務部門の経験を積んでまたＩＴ部門に復帰してもらう。このようにして、業務部門とＩＴ部門の両方を知った人材を増やしていくことが重要である。

現[*28]在のＩＴ技術は日々進化しており、そのすべてを社内のＩＴ部門で対応することは不可能である。**社内ＩＴ部門がやるべきコア業務を明確にし、外部リソースやサービスの活用も考慮しながら、優先順位に基づく要員の配置や責任と権限の付与を大胆に行ってほしい。**

（執筆担当　提箸眞賜）

提箸眞賜　1954年横浜市生まれ。1977年早稲田大学理工学部卒業。1977年（株）資生堂入社、生産エンジニアとして工場設備の保守・管理を担当。その後本社情報企画部に異動し、生産系のシステム開発を担当。1989年から10年間米国に駐在し、北米のＩＴ統合や新工場の立ち上げに従事。帰国後は国際事業本部、経営企画部を経て情報企画部長に就任し、基幹システム（SAP）の国内導入、グローバル展開プロジェクトを成功させる。2014年2月同社退職。同年4月江崎グリコの理事・情報システム部長に就任。2021年9月同社退職。2021年NPO法人CIO Lounge理事就任。

3. グローバル企業におけるデータマネジメントの課題と在り方

筆者は、生産技術部門、サプライチェーンマネジメント部門、ＩＴ部門でのさまざまなデータ関連プロジェクトの経験を持っている。グローバル企業におけるデータマネジメントの重要性と複雑性を考慮し、データマネジメントに関連するさまざまな課題とその対策について包括的に考察する。

◆データマネジメントに対するＩＴ部門の取り組みと課題

企業のデータにまつわる課題について、現場から出た意見を以下に羅列してみると、

・データをダウンロードする際のシステムが多すぎる
・データの形式がバラバラで加工しないと使えない
・分析に必要なデータってどこにあるのかわからない
・データに関する問い合わせを誰にしてよいのかわからない
・データサイエンティストの育成をどのようにしてよいかわからない
・データに関する研修は受けたものの分析スキルまでは身に付かなかった
・現場ではアナログのバインダーを開かないと情報が手に入らない

・設備の情報が欲しいが収集方法がわからない
・ざっくりした「AIを使え」の指示では、AIが何に使えるのかわからない
など、ユーザーにとって多種多様の悩み事が噴出している様子がうかがえる。

ユーザー視点から、データマネジメントの課題は大きく二つに分かれると考えられる。一つは、垂直なデータバリューチェーンの強化である。データ化、データ連携収集、データ加工蓄積、データ活用分析の全体を一気通貫で繋ぎ、成果の創出を促すことが目的となる。もう一つが、水平な共通データサービスと基盤の展開である。部門を超え、横串でのサービス・基盤を導入し、データのサイロ化を抑えることを目的とする。

データ基盤の課題としては、①ホストを含むさまざまなアーキテクチャーでのサイロ化したデータ管理、②データ連携のスパゲティ化、ブラックボックス化等が挙げられ、それに対応して、データ連携ハブの導入が提案されており、これによって、異なるアーキテクチャーの違いを調整し、開発生産性の向上が期待できる。ただし、過去には導入時のトラブルが頻発しており、①業務要件とデータ要件の違い、②属性データ間の不具合、③データボリュームの見込み違いなどが見られることに対処する必要がある。

データ分析基盤の課題としては、①分析・見える化はIT部門がシステム開発しており、要件調整から開発リリースまでに期間やコストがかかり、状況変化への即応力が弱い、②E

RP（基幹業務システム）やBI（ビジネスインテリジェンス）ツールのサイロ化により、社内の情報が可視化できないといった問題が挙げられる。これらへの対応策としては、業務部門自らが分析できる（セルフBI）ツールの導入により分析業務のスピードアップを図り、トップダウンから真のボトムアップへの移行、業務改革促進を狙っていくことが肝心である。

そのための人材として、アーキテクト（繋ぐ・ためる・基盤をつくる）、スチュワード（整える・提供する）、アナリシス（見える・わかる）の三方向から人材を定義し、データマネジメントに資する人材を確保して専門支援部門を立ち上げた。しかし、当時は、データアーキテクチャーへの関心度は低く、データ分析のスキルが不足していたため、特定の人に依存する状況が課題だった。

データマネジメントの基盤とアーキテクチャー

近年では、経営ダッシュボード、DWH（データウェアハウス）、アーキテクチャーなどの考え方が変わっている。これに伴い、新たな問題が浮き彫りになっている。例えば、ダッシュボードのKPIが活用されていない、必要な新しいKPIを追加できないなどが挙げられる。これらの問題は、環境変化だけでなく以前の管理方法にも起因している。環境変化にもフレキシブルに対応できるデータマネジメントシステムが求められているのである。例えば、ユーザーごとに異なるＫＰＩを追跡し、ＥＲＰ明細データやマスターデータをＤＷＨに提供し、ユーザーが自分でデータを取り出して利用できるセルフサービスが効果的である。

概念データモデルの必要性

データモデルのアプローチについては、全体システム構造を俯瞰し、業務ドメインの分割や疎結合インターフェースなどのアーキテクチャーの観点から考えることが重要となる。特に、概念データモデルの考え方を推奨したい。業務の基本構造からデータを抽出し、概念化するのがポイントである。

データとプロセスは不可分なものとし、業務を「投入するデータ↓プロセス（変換）↓生成するデータ」として捉える。このデータモデルの意義は、業務が多様化また複雑化しても、データは大きく変更しないで済むという点である。データモデルは業務の基本構造であり、データの生成から消滅までの過程を捉えることにより正確性を増し、これらを有効に活用し、変更に強いシステムづくりを目指すことができる。

疎結合アーキテクチャーの必要性

疎結合アーキテクチャーは、変化に適応するための重要な要素である。機能のまとまりに基づいて部分（ドメイン）に分割し、ドメイン間の結合度を下げて依存性を軽減する。このとき、分割した部分（ドメイン）間は、データ連携はメッセージによる連携で行い、データ連携を最小限に抑える。

疎結合アーキテクチャーのメリットは、①柔軟性の向上：変化するビジネス要件により迅速に適応し、全体アーキテクチャーを再設計することなくシステムに新しい機能を追加できる、②スケーラビリティ：リソースやサービスの需要の変化に基づき、必要に応じて簡単にスケールアップまたはスケールダウンが可能であるといった点が挙げられる。

◆まとめに代えて

データ連携と統合

データ連携は今後の課題であり、不必要なリアル連携を最小限にし、データ連携の統合が必要となる。密結合や属性間の結び付きを解消することが不可欠である。今後、ハブ機能（既存データとの変換機能）としてのＭＤＭ（マスターデータ管理）が必要となるが、段階的な拡大が推奨される。

セルフBIの導入

ＤＷＨで活用されていないＫＰＩデータが問題となっている。セルフＢＩの導入により、将来の環境変化に対応できるデータ構造を構築すべきである。それには、データ分析教育が欠かせない前提条件である。

業務プロセスとデータアーキテクチャーの転換

疎結合アーキテクチャーの導入が必要で、業務をブロック単位で分割し、データの連携をファイルで行うべきである。既存のシステムにおいても、業務をブロック単位に分割し、データベースを分散化し、コードを共通化する方針を推奨する。

（執筆担当　峯尾啓司）

峯尾啓司　1956年神奈川県生まれ。1979年東京工業大学工学部経営工学科卒業。1979年（株）ブリヂストン入社。北米勤務7年、生産物流本部長、生産技術本部長、工場長経験を経て、2013年ITネットワーク本部長。2017年ブリヂストンソフトウェア（株）社長、2019年オムロン（株）に入社、コーポレートシステム（SAP）グローバルプロジェクト顧問に就任。2023年退職。2002年～2013年東京工業大学非常勤講師、2012年技術士取得、2020年NPO法人CIO Lounge正会員入会。著書に『工業管理技術』（共著、実教出版　2017年）がある。

第7章　ベンダーマネジメント

1．ITベンダーにいかにパートナーになってもらうか

企業においてデジタル化を推進するためには、基幹業務システム、各種業務システム、BIツール、ネットワークインフラ、セキュリティインフラ、パソコン、サーバー、クラウド、ローコードプラットフォームなど、さまざまなITツールやITソリューションが必要となる。それらを提供するのはITベンダーである。情報システム部門においては、IT戦略を迅速また的確に実現していくため、ITベンダーの協力が不可欠となる。つまり、自分たちにマッチしたツール、ソリューションだけでなく、ITベンダーを適切に選定し、状況にマッチした支援を得られて初めて成功への大きな一歩を踏み出せるのである。

筆者は、はじめはITベンダー、その後エンドユーザー企業においてSEを務め、IT推進責任者を経てIT子会社の社長まで、すなわち、ITサービスを企画し購入する側とIT

サービスを提供する側、経営側の三つの立場を体験してきたことになる。各立場での経験を振り返りつつ、エンドユーザー企業の情報システム部門において、自社のIT戦略を円滑に実現するために、デジタル化のパートナーになってもらうためのITベンダー像を紐解き、いかにうまく付き合って協力関係を構築し、目的を達成していくか、そのノウハウについて解説する。

◆ITベンダーアプローチの課題

ITベンダーについて、次のような印象はないだろうか。

- 技術の進歩は目覚ましく、次々に新たなITソリューションが登場してくるため、ITベンダーは顧客に対してその内容を紹介し、売り込み活動を展開することが多い
- 概念やコンセプト論、商品カタログのような機能の主体の説明が多い
- 顧客側として求めたいのは「機能やコンセプト論」ではなく「提案されたツールやソリューションが自社のどのような課題に貢献するのか」、「どのようにして求めることが実現されるのか」であり、説明を受けてもなかなか腹落ちしない

このような現象は、ITベンダーが顧客目線になり切れずに接してくることが原因となっている。つまり、ITベンダー側の視点で会社と提供する商品を理解してほしいという思い

が中心となった説明になっているのである。

筆者は、このような状況が見られた場合、顧客側が求める観点、つまり「何が実現できるのか」、「我われ顧客側にとって、どのような課題が解決するのか」、「どのような効果が得られるのか」、「他社商品と比べてどのような差別点があるのか」といった内容で再度の提案や説明を求め、さらには次回以降もそのような提案・説明スタンスを徹底してほしいと依頼した。その要望を真摯に受け止めて対応してくれるＩＴベンダーはパートナーとして付き合っていけることが多いが、依頼に応じてくれないＩＴベンダーとは、長い付き合いは難しい傾向にあった。他にもさまざまな要素が絡むため、判断が難しいところであるだろうが、単純なコミュニケーションの問題としても、要望や意図を明確に伝えていくことは重要である。

◆デジタル化パートナーへの発展に向けて

新たなＩＴ導入に際し、エンドユーザー側としては、ソリューションやツールの機能や中身が重要なのはもちろんのこと、提案から構築、稼働までのトータル的な支援をどこまで対応してくれるかという、ＩＴベンダー側の取り組み姿勢も大切な要素となる。顧客側は契約という観点からではあるが、責任をもって構築から軌道に乗るまでの総合的な支援の姿勢を望んでいる。つまり、顧客目線（相手目線）で取り組んでくれるＩＴベンダーを、かかりつけ医のような存在となるパートナーと呼んで付き合っていくことを求めているのである。

そのためには、ソリューション紹介や提案を受ける際に、ＩＴベンダー側のペースに委ねるのではなく「どのような観点で説明を受けたいか」、「自社のどの分野でどのような貢献が期待できるか」、「提案から軌道に乗るまでどのような支援をしてくれるか」など、ユーザー側として聞きたい事項をあらかじめＩＴベンダー側に伝え、双方の立場から理解を高めるコミュニケーションを心掛けることが重要となるだろう。

次頁の（図表２－７）に、双方の立場の違いを整理してみよう。

次に、さまざまな提案を受ける際の留意点について考察する。

提案を評価する上で、期待的な評価や思い込みは禁物である。受けた提案は言葉の説明だけでなく、デモンストレーション、実際のオペレーション、概要が理解できる図式など視覚的な説明を求めて理解齟齬がないようにし、期待的な評価や思い込みをできるだけなくして客観的な提案評価を行うことが重要である。つまり、視覚的な説明を受けて事実を確認した上で、「やりたいことが実現できるか？」を客観的な評価で行うことが求められている。

ＩＴベンダーと取引を進める上で判断を誤りがちな「曲者」がいる。いわゆる「ベンダーの嘘」にも発展しかねない要因となる事象である。一つは、「できる」、「可能である」という説明であり、もう一つは、顧客とＩＴベンダーで使用する用語の意味合いの取り違えである。

図表2-7　ユーザー側とITベンダー側のアプローチの整理

顧客側ユーザー企業		ITベンダー企業	
求めるもの	企業内の課題解決事業目標の達成	ITツール・ソリューションの販売、サービス提供	提供するもの
思考・視点	<業務運用、課題解決>	<IT機能視点>	思考・視点
求めるアプローチ	・早く構築、早く効果巻き取りし事業貢献したい ・ビジネス変化に迅速に追従したIT対応を行いたい ・どのように変革して、どのようにITを活用して課題が解決できるか？ ・事例など具体的に事業貢献に繋がる提案を求める ・解決度のKPI、ROIが重要	・顧客からの具体的なIT要望に対応したIT活用提案 ・新規ソリューションの機能紹介 →概念論、コンセプト論、機能 ・手持ちの商品によるIT提案 →このような機能がある →このようなことができる	提案アプローチ
求めるスタイル	・課題全体を総合的なIT活用で解決できる組み合わせ提案を期待 ・構築から軌道に乗るまでの丁寧なサポート ・課題を一緒に解決してくれるパートナーであってほしい <医療で例えると> 総合診療科（かかりつけ医）として課題解決を支援してくれることを期待	・主体は自社ソリューション・ツールによる提案 ・契約範囲のミッション遂行 <医療で例えると> 単一診療科（内科・外科・耳鼻科・眼科etc）の専門的なアプローチが多い	提案スタイル

出典：著者作成

前者は、技術的には可能であっても、特殊な技能が必要となるなど（例えば、SQL［構造化照会言語］でデータベースを直接アクセスするなど）、さまざまな条件が重なって、実現できるのは嘘ではないものの、まったく容易性がなく非効率なものである。この場合、ITベンダーとしては技術として「できる」と回答しているものの、ユーザーにとっては「できない」という答えになるだろう。

後者は、同じ用語でも提案側と評価側で意味合いが違うケースである。またその逆で、違う用語だが意味合いが同じというものもある。このような現象が起こると、互いに思い込みが発生して、間違った評価を生み出す結果を招きかねない。

これらの「曲者」現象が起こると、「ベンダーを信頼していたのに現実は違った」と信頼関係を損なう事態が起きてしまう。これを回避するためにも、具体的な視覚的内容で確認をとり、ユーザー側の意図や要望が正確に伝わっていることを双方で腹落ちできるコミュニケーションが重要なのである。

さらに、ITベンダーへの過度な期待や、「これは対応してくれるはず」という安易な思い込みは禁物である。ITベンダーは専門知識を持ったプロ集団だが、魔法使いではない。供給側に求める事項を明確にし、過不足なく整理して、必要以上の要求を出さないようにする必要がある。

苦い思い出として事例を出そう。ＩＴベンダーに対し、「プロジェクト管理を手伝ってほしい」と依頼したことがある。我われ依頼側と受け手のベンダー側で、意味合いの取り違いがあるまま、双方それぞれの思いで進めて後に大きな問題に発展したことがあった。今から思えば、プロジェクト管理を手伝ってほしい場合は、具体的に協力してほしい事項を詳細に洗い出して提示し、事前にどこまで実現してもらえるか、確認と協議を行って双方の了解を得ておくべきだった。

これまでの事案を振り返ってみての教訓としては、ＩＴベンダーとは普段から良好な関係づくりを行うことが重要である。具体的な例としては、ＩＴ中期計画など今後の取り組みについて開示できる範囲で説明し、実際にプロジェクト発足時には迅速にコンペティションや提案を行ってもらうよう、相手に提案の準備や体制構築の準備に繋がるフォーキャストを提供することなどが挙げられる。

新たなＩＴベンダーと付き合っていく際には、ある程度の期間を設け、「顧客企業の研究をしているか」、「業務課題解決に対応できる経験豊富で見識を持った技術者がいるか」など、導入事例などを質問しながら情報収集したいところである。そして、提案時にはソリューションの評価とともに、求める業務見識、技術力、プロジェクト管理の力量があるかの見極めと評価も、採用にかかる重要なファクターとすることが望まれる。

◆ITベンダーの「パートナー／かかりつけ医」化に向けて

ＩＴベンダーに対し、意思伝達と合意形成を丁寧に行い、顧客目線で対応できるよう依頼して互いの理解を深めていくことにより、[*29] **ITベンダーは「デジタル化のパートナー」となり、さまざまな相談を安心して持ち掛けることのできる「かかりつけ医」としての存在に発展していく。**

普段から、実現したいことやＩＴ化の悩みについて、具体的な内容でコミュニケーションを取ることができ、デジタル化による問題解決に向けたさまざまな相談が進む。苦労なく意思疎通を図ることができれば信頼度も増していく。

ＩＴベンダーの皆様に対し、お願いしたいのは、事例の紹介である。我われユーザー側としては、具体的な事例があれば、自分たちの立ち位置に置き換えてイメージし、具体的な理解を行うことができる。

求める側（顧客）と提供する側（ＩＴベンダー）とで立ち位置は異なるが、企業の課題解決という観点でコミュニケーションを取っていくことが最重要なのである。

（執筆担当　小林譲）

2．ＩＴベンダーとの関係、起用したいベンダー・避けたいベンダーの選別法

自社のリソース（時間、人、スキル、経験）が不足する場合、外部ＩＴベンダーに頼ることになる。契約上は発注者（顧客）と受注者という関係であり、対価に見合うものを提供してもらわねばならないし、おのおのの責任を果たす必要があるものの、当然ながらうまく進まない事態となる場合が起きる。

このような問題を避けるため、ＩＴベンダーとはどのように付き合えばよいのだろうか。まず言えるのは、何をお願いするのかの検討の前に、ビジネス的に何を達成したいのかを明確にし、ＩＴベンダーと目的・目標を共有する必要があることだ。システムを導入したいといった要望の前提として、何のために導入したいのか、どのような成果を求めるのかという本質的な話をすることがもっとも重要なのであり、希望するシステム導入が最適なのかはその話の後で明らかになっていくものである。

すでに付き合いがあるＩＴベンダーであれば、日頃から、自社の中期計画／年度計画／課題認識の共有をしておけばより伝わりやすいだろう。付き合いが浅いＩＴベンダーであっても、将来価値をもたらしてくれると思う相手であれば、積極的に情報を開示し、付き合いを深めていきたいところである。ＩＴベンダーにとって、そのような信頼の姿勢を見せてもら

えると大いにありがたいものだし、提案の質も違ったものになることが多い。

ＩＴベンダーやＩＴコンサルとの出会いや付き合い方はさまざまである。いくつかのエピソードを紹介しよう。

以前、私が参画したＢ２Ｃの「統合顧客管理による顧客接点強化プロジェクト」では、スタート時点からＤＭＰ（Data Management Platform）ツールを導入するという話が上がっていた。中身よりツールが先行していたのは、「マーケティング部門が実現したいことは、当時業界ではブームになっていた最先端のＤＭＰがあればできる」という風潮があったからだ。

このプロジェクトの目的は、メーカーが直接お客様と繋がることを拡大・深化することにより、ＬＴＶ（Life Time Value：顧客生涯価値）を高めるというものだった。そのためにＤＭＰが必要という話なのだが、社内に知見がなく最寄りのベンダーもまだ途上という状態だったため、メンバーの伝手でＩＴコンサルにツール選定を依頼した。

大手ベンダーのツールやサービスがピックアップされ、検討を繰り返したのだが、なかなか決め手がない状態だった。説明を聞いても、一見問題ないように聞こえるものの何か違和感がある。当時のＤＭＰは、多様な広告配信や、リアルタイムにコンテンツを出し分けるといった色が濃いものであった。そのような施策は実現したいことの一つではあり、間違ってはいない。

DMP　Data Management Platformの略。インターネット上の自社データ（顧客情報や購買履歴など）や外部データ（Web上の行動履歴など）といった、マーケティングに活用できるデータを管理するプラットフォーム。

だが、果たして求めているものはこれらのツールなのだろうかと感じるようになった。

違和感の正体は、肝心の統合顧客管理が求めるレベルにないことであった。評価項目は「〇」がついているものの、実際には求めるものではなかったのだ。これは、私たちが、ITコンサルに伝えるべき統合顧客管理の詳細定義を疎かにしていたことに起因していた。

なぜこのようなことが起こるのだろうか。振り返っていくと、要件定義が浅かったこと、また浅いことに気付かずにツール選定に走ったことが原因といえた。では、なぜ要件定義が浅くなったのか。それについては、顧客接点強化の施策より先に、今話題の先端ITを使うことで素晴らしい施策が出てくるのではないかという意識、期待があったからだといえる。

情報システム部門はいつものように「何がしたいのか」と、要件確認のような問い掛けをするが、マーケティング部門は「DMPで何ができるのかが知りたい」と、ツールありきの会話となることもしばしばあった。ウォーターフォール型の進め方では、まず要件定義をしっかり行うことが定石にもかかわらず、ここ数年SaaS《サース》という明確なサービスの提供が一般化したことにより「このツールを使えば何ができるのか」を把握してから自社に当てはまるものを吟味し採用する流れが当たり前のようになっている。

このような状態だったため、プロジェクトで候補となりそうなツールを横並びで比較検討する方法は混沌とした。何とか「何がしたいのか」、「何ができるのか」の議論も進み、実施したいことが具体的に見えてくるところまでこぎ着け、その施策の実行のためには顧客に関するどのような情報を収集する必要があるのか、タイミングや期間、どのような構えが必要なのかなど、徐々に整理していった。

結局のところ、最終的に情報部門で独自調査して選定したツールは、ＩＴコンサルの当初提案の中にはなかったのである。

発注する側も、受注する側も、ビジネスの要求をどう実現するか具体的に描かずに、「顧客管理ができること」という抽象的な言葉だけで終わらせていた。言葉は怖いものである。この件で痛感して以降、いくら知見のあるＩＴベンダーの発言であっても「本当にそうなのか」を客観的な視点でよく見るようにしている。

まず、「人は悪気なく嘘をつく」と心得て、疑問を持ったら必ず確認するように努める。これが結果的に、後々の大きな齟齬に繋がらず、双方のためになるのである。一方、ＩＴベンダーも、顧客が「求めているものが何か」を突き詰め、曖昧な言葉を聞いて安易に理解したつもりにならないようにしてほしいと願う。

ちなみに、ＤＭＰはパブリックＤＭＰとプライベートＤＭＰがあるのだが、後者はＣＤＰ(Customer Data Platform)という言葉で別定義されるようになっていった。当時私たちが求めていたのはＣＤＰで、しかも何億件というビッグデータを扱うことができるプラットフォームだったのである。その頃CDPツールは少なく、サービスを提供していたのはスタートアップのITベンダーだった。直接コンタクトをとり種々確認した後、最終的にはCEOとも面談し、無事採用することができたのである。

余談だが、このスタートアップのITベンダーの担当SEは、とにかくレスポンスが良かった。あらゆる対応が素早かった上、連携する大手他社ツールの障害の解決にも高レベルの見解で理路整然と意見を述べた。私はこのITベンダーのファンになった。スタートアップ企業の勢いのようなものを感じたことを覚えている。

ITベンダーは大手だから、規模が大きいから安心というわけではない。営業、SE、部長、役員、どの人と会っても違和感があればとことん会話し、可能であれば導入実績のあるユーザー企業に感想を聞くことが重要である。きれいな言葉、教科書的な正論に惑わされず、さまざまな角度で本質的な中身を見極めるようにしていこう。

◆システム開発〜導入プロジェクトのケース

明確に目的が決まっているプロジェクトにおいて、自社のリソースを補うためにITベンダーの支援を受けることを検討する。単なる検討を行えばよいわけではない。経験の浅いプロジェクト責任者であれば本当にゴールできるのか、その道筋に不安を抱いていることだろう。

まず、仮引きしたスケジュールや必要タスクを見ながら体制図を描き、どこが自社に足りないのかを見定める。どこをＩＴベンダーに期待するか、どういう役割を担ってもらうかをできるだけ具体的に言語化していこう。これが明確でなければ、ＩＴベンダー側も難易度を見誤ってミスアサインすることになってしまう。故に、ＩＴベンダー側もＱ＆Ａを積み重ねて理解を確かなものとしていく必要がある。

筆者は、プロジェクトは自社社員とＩＴベンダー社員の両方が成長できる場と考えるようにしている。特に、大規模プロジェクトであればめったにない場になるため、ベンダーは次世代エースを育成するために参画させることもあるだろう。プロジェクトが完了し解散するとき、互いに参画してよかったと思えることがベストである。自社とベンダーの関係はWin-Winであることが理想だ。

しかしながら、プロジェクトは生き物で、ＱＣＤが崩れると一気にベクトルが乖離し雲行きが怪しくなっていく。これを軌道修正しようとする現場リーダーと、応援する上司・経営陣が双方にいるかどうかがポイントになる。

スキルのあるエース級の人がいれば、斬新な発想とアイデアで苦難を最短コースで克服してくれることもあるだろう。トラブル対応力は事前に見極めることが難しく、会社としての力量もあるものの、大きくは個人の力量に左右される。視座の高い人であれば、どちらかに瑕疵があったとしても、相手の立場に立ち、痛み分けしてでもどう立て直すかベストな方法を見つけ出そうとする。そういう難しい状況を一緒に乗り越えることを重ねるたびに信頼感は高まっていくのである。

厄介なのは、プロジェクトを開始後、徐々に違和感を覚えるときである。

例えば「ＩＴベンダーが期待した動きをしてくれない」、「ユーザー企業が分担したはずの役割をこなしてくれない」という類いのもやもやした思いである。水面下で不満を募らせる期間が長いと、この状況は感情的なものに発展することが多く、そうなってしまうと容易には解決できないだろう。上位者レベルで納得いくまで話し合いが行われるが、最後まで引きずる可能性が高いようであれば、プロジェクトを仕切り直すことを考えたほうがまだましである。経験上、違和感を言っても「そんなことはない」と否定されがちだ。また、「相対するＳＥのレベルが高い、低い」など人物の資質の話は、基準が曖昧なため解決に向かわないことが多い。

ゴールがイメージできず違和感が消えないようなら、「敢えて事を荒立てて」でも、早期に動くことが重要である。

◆プロジェクトで起用したいＩＴベンダー

では、具体的に付き合いたいＩＴベンダーとはどのようなものだろうか。以下にいくつか挙げておこう。

☑顧客の目的を理解しその達成を第一に推進するITベンダー。これを事前に確認するコツは、まずRFPの回答書に書かれている目的達成への道筋に共感できることだ。技術力や採用ツール、開発手法、体制、スケジュール、費用の妥当性はもちろん、「どのようにして目標に到達するか」のロジックが表現され、十分に理解と納得のできることが重要となる。

☑取り組む対象業務、利用するツール（パッケージ、サービス）に対して経験・知見があるITベンダー。自社のリソース、スキルの不足する部分を補ってもらえるかは、もっとも基本的な条件であり、譲れないものである。この部分が不足するため別の方法でカバーする場合、よくよくの吟味が必要となる。

☑顧客の体制・リソースを見極め、タスクの過不足を進言してくれるITベンダー。プロジェクトはITベンダーさえ頑張れば成功するわけではない。例えば、データ移行が顧客側のタスクであった場合、それが担当者アサインを含めてしっかり作業タスクが存在しているかを確認しよう。ITベンダーは請け負う範囲を全うするためにもその確認は必要だが、何よりプロジェクトの成功という意識で話をしなければならない。さらに、顧客が確保する総予算に漏れはないか、希望納期は妥当か、ITのプロとして忖度なく話をしてもらえるかが重要である。プロジェクト総予算は重要度が高い。どんなに正当な理由があろうと、開始後の費用追加は予算超過というマイナスイメージしか生まない。「最初に」明確なラインを決めておく必要がある。

☑案件を通じて、自身の社員スキルを伸ばそうとするＩＴベンダー。対象業務を勉強し、ツールを知り、その知識を武器にプロジェクトで発生する課題に自ら飛び込んでいくような動きをするＩＴベンダーは、プロジェクト中にもスキルが大きく向上する。これは自社にとっても大きなプラス要素となり、必ず良い結果を生み出す。ＩＴベンダーにこのような人がいれば、プロジェクト全体の動きは非常に良いものになる。

☑顧客の目標を達成できたか、終了時に自ら評価することを欠かさないＩＴベンダー。これは終盤にならないとわからないことだが、これができるＩＴベンダーは素晴らしく、長く付き合いたいものである。プロジェクト進行の各段階で常に成果を意識し、顧客とベクトルを合わせる努力をしていることになるからだ。いつの間にか導入すること自体が目的になりがちな開発プロジェクトでは大変価値のあるＩＴベンダーである。

以上、簡単に挙げてみたが、顧客企業の立場でものを見てくれるＳＥがいるＩＴベンダーとは仕事をしていても楽しいものだ。昔、「いかにバリューを提供できるかが我われの価値」と言ってくれた若手ＩＴベンダーＳＥがいた。後から聞いた話だが、我われがある問題で行き詰まって困っていたとき、上司に掛け合って「顧客のことを考えれば、このように支援すべきである」と戦ってくれていたそうだ。

◆プロジェクトで避けたいITベンダー

次に避けたいITベンダーの特徴を見ていくことにしよう。

☑役割分担に線を引き、その領域以外に関心を示さないITベンダー。役割の明確化は大切だが、それに固執してプロジェクトが失敗しては元も子もない。問題が発生しても、自分は関与していない／悪くないということを遠回しに主張するようなITベンダーとは、一体感を持った推進は困難である。顧客側の状況も常時把握して、危険な予兆が見えたら進言し、場合によっては相談に乗って一緒に出口を見つけるような動きをしてくれるITベンダーでなくてはならない。特に長期プロジェクトでは、単に受注した範囲のみを完了させることに執着するITベンダーは避けたいものである。本当に困っているとき、距離を置かれると非常に寂しくなってしまう。

☑自社の事情を優先し、言いわけをするITベンダー。私は過去、重大なトラブルに遭遇した際、「米国本社に聞かないとわからない。それは、プロダクトのサポート体制や手順、ルールがあって回答まで数日かかります」という話を何度も聞かされたことがある。このときは閉口した。事情は理解できるものの、保守サポート力と顧客対応レベルが低いと言わざるを得ない。

☑納期（本番稼働日）を疎かにするITベンダー。常に「納期より品質が大事」というITベンダーは要注意である。QCDのバランスはケース・バイ・ケースである。決して言い切れるものではないが、ＩＴベンダーの立場で言えば、自社にペナルティでもない限り品質を優先することがもっとも安全だ。延期は苦渋の判断であったとしても、追加予算が承認され、再スタートを切って再設定された本稼働日で品質よく稼働すれば、最後の印象は良いものになる。「やはり延期して正解だった」となり、「あのとき延期しなければひどい状態になっていたはず」と言う人も出てくるだろう。そして本来納期を守れば早期に得たはずの成果や利益の損失は忘れられてしまうのである。顧客企業にとってベストな納期は当初のものであり、皆でそれを守ることは非常に大事な、執着すべきミッションであることを忘れてはならない。

☑先端技術は時期尚早と言うＩＴベンダー。枯れたパッケージシステムは安定性が抜群でリスクが少なく、ＩＴベンダーとしては提案しやすいものだが、アーキテクチャーが古く、今なら苦労しないで済むことも昔のままの複雑さで実装されており、コスト増大も想定される。ＩＴベンダーは何かしら自社製もしくは経験のある得意なツールを担ぐものだ。ツールやパッケージの選定は、ＩＴベンダー、コンサル任せではなく、自社でもある程度調査して選択肢の幅を持っておくのがよいだろう。ＩＴベンダーが作成する比較表については、要件に対して「○」がついていれば問題はないと思わないようにしたい。具体的な可能性の解釈の幅も含め、「本当にそうなのか」と疑い、注意深く確認することが必要である。特に、要件の出し方が大雑把で曖昧だと、曖昧な回答しか返ってこないことは肝に銘じてほしい。

◆どのようにしてITベンダーを選別するか

同じITベンダーであっても、担当者によってまったく対応力が異なることがある。個人の振る舞いまで考慮すると事前に見分けることは難しくなる一方だが、少なくとも以下の点には気を付けるべきである。

☑対面する相手が誠実かどうか。緊張感のあるやり取りをしているタイミングであり、大きな投資をしようとしている顧客と真摯に向き合えないことは論外である。

☑求めるスキル/技術力があるか、求める業務知識はあるか。RFPをITベンダーに渡し、その回答内容で見抜く。疑問点は回答説明会の場などの質疑で徹底的に確認しよう。

☑この人たちと一緒に仕事がしたいと思えるか。いくらコストなどの条件がよくても、ここに違和感があると信頼ある協力関係が築けない。直感も含め重要な要素である。例えば、次のような質問を投げ掛け、当社の事情をどこまで深く理解しているかを確認しよう。

・本プロジェクトの勘所はどこにあるか、難所はどこか

・当社の目的を達成するためにどのようなハードルがあるか、そのポイントはなにか

・過去の経験の中で類似案件はあったか、そのとき苦労した点は

これらへの回答がITベンダーの力量を測るヒントとなる。また、具体的な対話の中で、

目的の達成に尽力してくれると感じることができれば委ねてもよいだろう。
資料の分厚さや会社規模に惑わされず、冷静に評価したいところである。

◆情報システム部門が関与してこなかったITベンダー

ＩＴベンダーと付き合っていくのは社内情報システム部門と考えがちだが、利用する事業部門が直接ＩＴベンダーを選定し契約している場合がある。これらはおおむね、事業部門のほうが情報システム部門よりもＩＴの扱いに慣れている分野である。例えば、デジタルマーケティングの領域で、ここでは、対外Ｗｅｂサイトの構築、アクセス解析、運用広告、スマホアプリなど、クラウドやＳａａＳの利用が主戦場となっており、情報システム部門が付き合ったことのない会社がひしめいている。必ずしも社内の情報システム部門が得意ではない分野といえるだろう。

この領域に全社プロジェクト等を立ち上げ、情報システム部門が入ってくると、タイプの違うＩＴベンダーに面食らうことがある。飛び交う単語が理解できない場合も多くなるため、情報システム部門だからとあぐらをかかず、勉強し、教えを乞う姿勢が重要である。

（執筆担当　三好力）

三好 力　1965年香川県高松市生まれ。1989年神戸大学経営学部卒業。1989年松下電器産業（株）入社。社内ＳＥとして製造事業部の販売管理・補修部品管理システムを担当。その後、ＳＣＭ計画系、ｅコマース［現・Panasonic Store Plus］、ＣＲＭ系のシステム開発プロジェクトを担当、2015年コーポレート情報システム社／国内ＣＲＭ部長。2015年パナソニックインフォメーションシステムズ（株）へ転籍、会員サイト「CLUB Panasonic」やDMPプロジェクトを担当。2020年同社退職。2020年住友精密工業（株）入社、コーポレート戦略部門長補佐（兼）情報システム部長（現職）。

3．ベンダーマネジメント

情報システム関連の技術領域は、広がるとともに深化を続けている。単純に自社のメンバーだけでこれらをすべて網羅することは、相当大きな組織でも容易ではない。仮に、自社に開発・運用スタッフを抱えるケースであっても、プロジェクトなどが始まると一時的に多くのリソースが必要になるため、デマンドの波に自社メンバーだけで応えることは容易ではないだろう。したがって、自社に残すべき仕事、外部の力をうまく利用する仕事を的確に見極め、うまく外部ITベンダーを使うことがCIOに求められる責務の一つとなるのである。

一方で、単に人がいないからといって安易にかつ刹那的に外部ITベンダーに頼りだすと、気が付いたら依存する体質になってしまっており、丸投げ状態から抜け出せないという状況に陥りかねない。

CIOは、このような状況になることを未然に防ぎ、コントロールする必要がある。これが、ベンダーマネジメントの基本となるのである。

◆では何から始める？

第一に始めるのは、最低限自社に残すべき仕事や技術は何かを特定することである。

まず、事業部門のエンゲージメントはＩＴ部門として最重要課題であり、当然ながら社員が中心となって実施すべきことである。また、戦略の策定についても、言い換えれば自分たちの魂をつくることと同義であるため、サポートをもらうにしても主体は自社であり、社員が頭と知恵を絞る必要がある。

さらには、ユーザーに提供するサービスの価値と、かけるコストの妥当性を評価し適正なレベルに持っていく判断も、社員でなくてはできないだろう。そして、外部ＩＴベンダーに委託している仕事が丸投げにならず、その質やコストが目標値に入っているかを監督し、常に無駄を継続的に改善していくことも、社員に課せられた重要な仕事である。

保守運用などの仕事を外部ＩＴベンダーに投げたまま、形式的に報告書を受け取っているケースをよく見掛けるが、この状態では自社でやるべきマネジメントができないと宣言しているようなものである。

◆外部ＩＴベンダーの使い分け

次に、適材適所を考えて外部ＩＴベンダーの使い分けを計画的に行う。場当たり的に都度選んだり、開発を委託した外部ＩＴベンダーにそのまま保守運用を継続して出したりするのを続けていると効率は上がらない。自社のことをよくわかっているからという理由で、特定外部ＩＴベンダーを使い続け、丸投げするという罠に陥りやすいものである。

運用やオペレーションなどあまり高度なスキルが必要ない仕事はシステム間を横断して作業を取りまとめ、無駄を省き標準化した上で、ローコストな人材を提供する外部ITベンダーを選ぶようにすると意外と大きな効果を得られるものである。単純作業を単価の高いSEにやらせなくて済むようになるからだ。

一方で、システム開発や改修は、外部ITベンダーごとに得意分野や単価を見極め、いくつかのメインベンダーを選んでおいて、優先的にその強みに合った外部ITベンダーへ発注していくことを勧めたい。これによって、システム間でのリソースのフラグメントを防ぐことができるだろう。

ERPインプリメントのような大型プロジェクトでは、高度な最新のERP技術を習得した技術者や、プロジェクトマネジメントの経験豊かなPMがいる会社を選ぶ必要がある。ここで気を付けたいのは、結局のところプロジェクトの成否は、PM個々人の能力に大きく依存するということだ。外部ITベンダーの看板に惑わされず、プリセールスの段階で自社にアサインされる予定のPM候補や技術者の技量を見極め、契約にあたっては納得できるメンバーがアサインされることを確認することが重要である。

◆ストラテジックアウトソーシング

ストラテジックアウトソーシング・サービスのように一社にまとめて保守運用を出すとい

うケースも考えられる。このケースでは、ユーザー企業側にも相当のマネジメントスキルと体制の強化が必要となる。下手をするとブラックボックス化し外部ＩＴベンダーに丸投げになってしまい、この状態が何年か続いたらもう後戻りできないくらいの依存関係になってしまうことにもなりかねない。一気にシステム保守運用のノウハウや仕組みを作り上げるという点では良薬ではあるものの、古今東西、よく効く薬ほど接種し過ぎると毒となってしまう。一括発注へ一歩を踏み出す際は、このリスクを常に念頭に置いて相当な覚悟と準備をもって進める必要がある。

筆者もＣＩＯ時代に、自社でストラテジックアウトソーシング・サービスを一部活用していた。ただし、同じような経験を持つ企業のＣＩＯを訪ね回り、外部ＩＴベンダーとの交渉のポイントや契約の形態、意外な落とし穴といった基本知識を理解することから始めた。身を削るような1年に渡る契約交渉の中で、それらの情報は大いに役に立ったのである。

成功のポイントは、オペレーションのマネジメントの首根っこを絶対に離さなかったことと、単価を不可解な計算式に任せず、半期ごとに常にベースラインを見直すという合意を得たことだったと考えている。

◆メイン・パートナー

メインの外部ＩＴベンダーが決まってきたところで重要なのは、先方の経営陣とのオープンなコミュニケーションと信頼関係の醸成である。この段階に入った外部ITベンダーに対しては、筆者は常に、「メイン・パートナー」と呼ぶようにしている。そして、期初や大きいプロジェクトの区切りなどで積極的にそのパートナーの経営陣とのミーティングの場を持ち、戦略や重点施策の説明や、プロジェクト成功のお礼などを自ら行うようにしている。

外部ITベンダーの社員も、自社の経営陣と直接対話をしてくるようなクライアント企業に対していいかげんな態度はできないものである。また、不測の事態が起きたときも、直接電話やメールで先方の経営陣に自らその重大性を伝えることにより対応のスピードや質が変わるものである。

メイン・パートナーを作り、集約化することのメリットは、確かに仕事のフラグメントを防ぐという効果があるが、それだけではなく、パイを大きくしトップ間のリレーションシップをつくることにより、いざというときに無理が利くようになるというメリットのほうが大きいものである。

結局どんな素晴らしい会社であっても、いろいろな人材がいるものだ。要になるのは、自社の期待するポストに合った人材を適切にアサインしてもらえるかどうかである。

◆Win-Winを忘れずに

この項目はベンダーマネジメントをテーマにしてはいるものの、実のところ、筆者自身は、ベンダーマネジメントという言葉は通常使わず、ベンダーエンゲージメントと言っている。

確かに我われはクライアント側ではある。だが、彼らなしでは自社のミッションを遂行できない存在だ。もっとも重要なのは、お互いにどのように信頼関係を醸成するかだと思う。決して下請けなどというような気持ちで付き合うべきではない。常に経営レベルでのリレーションを保ち続け、Win-Winの関係をつくることが、いわゆるベンダーマネジメントの極意なのではないだろうか。

（執筆担当　石野普之）

鼎談　デジタル内製化時代におけるITベンダーとのパートナーシップ

鼎談　デジタル内製化時代における　ITベンダーとのパートナーシップ

2023年1月に開催された、ウイングアーク1st株式会社主催「WARP Sales Summit」のスペシャルセッションとして、NPO法人CIO Lounge理事長の矢島孝應、株式会社荏原製作所執行役の小和瀬浩之、三菱マテリアル株式会社CIOの板野則弘による「変革する企業のCIOが本音で語る！システムの内製化が進む今、ITベンダーに求められる付き合い方とは⁉」の鼎談が開催されました。本項ではその様子をお伝えする。

◆グローバル一体経営を実現するために

矢　島　まずは小和瀬さん、御社にとってみても、今いろいろな変化が起こり始めていると思いますが、IT・デジタルベースでどういうことを期待されているか。経営の変化点が何かありましたら、教えていただきたいと思います。

小和瀬　日本の会社は、ERPを入れて基幹系が整備できているか。それも国内だけじゃ

矢島孝應

なくて、荏原製作所も今グローバルでかなり力を入れていますが、グローバルのグループ会社を含めて基幹系ができているかというと、ほとんどの会社はできていない。

例えば、我われのような精密電子事業は、著名な大手のお客様の大半がグローバル一体運営を行っている。したがって我われもグローバル一体経営をすべきである。そのために何が必要かというと、やはり業務の標準化やグローバルの経営データを見える化していくことで、それに見合った仕組みを提供するというところが今、非常に重要となっています。

デジタル競争力ランキングにおける日本と欧米の差にもありましたが、日本の会社にもいいところがたくさんあるものの、この20年ぐらいの間でそういう面では差がついてしまっているのかなと思います。だからこそ今、我われは経営と業務部門と情報システム部門が全社一丸となって、デジタル化を全社的に進めています。

◆現場と情報システム部門とITベンダーの関係

矢島　おっしゃるように、私も基幹システムは絶対不可欠だと思います。グローバル展開しているならエンタープライズレベル、もしくはグループ会社レベルで基幹システムを合わせていって、統一しないといけないところがある。

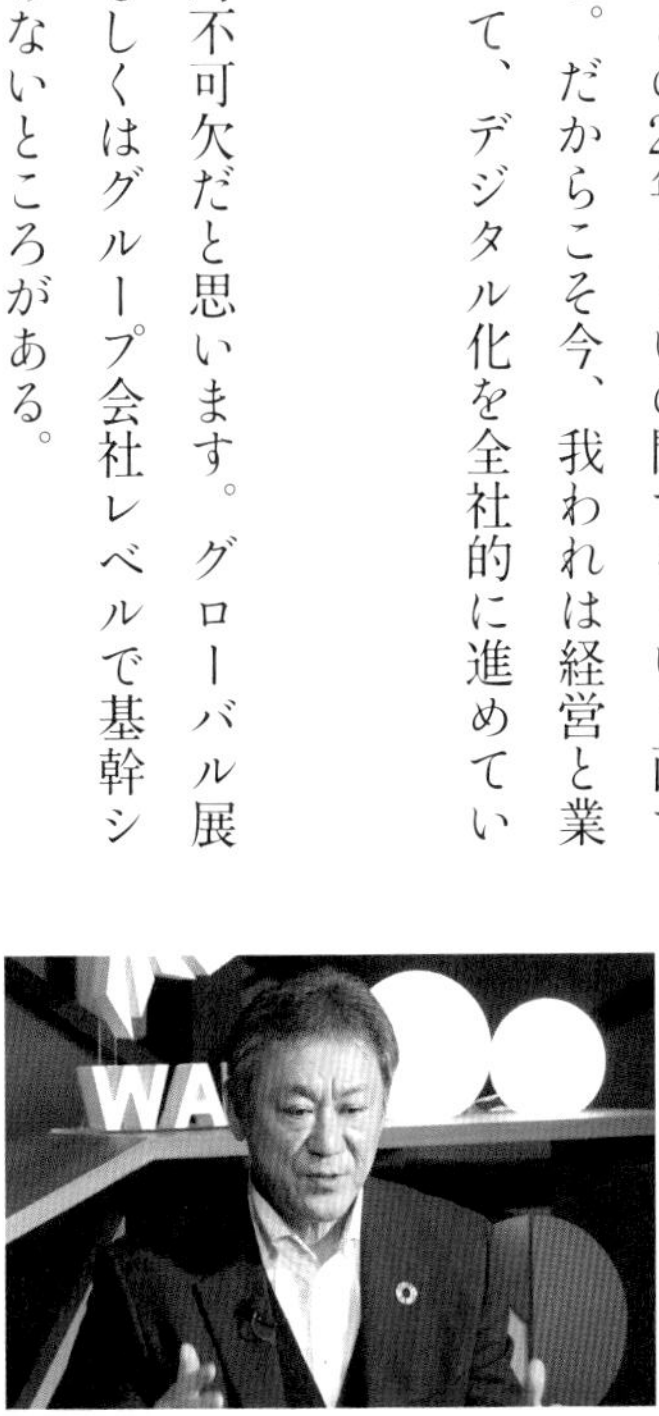

小和瀬浩之　1986年早稲田大学理工学部卒業後、花王（株）入社、2004年情報システム部門 グローバルビジネスシンクロナイゼーション部長、2012年情報システム部門統括。2014年（株）LIXIL執行役員CIO兼 情報システム本部長。2018年（株）荏原製作所に入社。2020年執行役 情報通信統括部長 兼 CIO。キャリアを通じてERPシステムでのグローバルで業務標準化と業務改善、システム統合を主導

でも一方では、それぞれの中で進めていかないといけないこともある。もっと言ったら、先ほどおっしゃった外部のパートナーの企業様、もしくはお客さま、市場とも繋がっていかないといけない。

そういう中で、いろいろな各拠点や職場、部門でも、やはりどうしてもデジタル化を進める必要があると思います。しかし、全部「基幹システムができるまで待てよ」というふうにもできないですよね。このあたりの職場と皆様との関係はどうでしょうか。

小和瀬　荏原製作所の場合は、私が入る前と入った後だと少し状況が違っています。私が入る前は本社の情報システム部門が強くないというか、ガバナンスを利かせるような形にはなっていませんでした。ベンダーさんも含めて、かなり現場が主導して進めていました。

矢　島　ベンダーさんが各現場に直接入ってくるような感じですね。

小和瀬　それは別にベンダーさんが悪いわけじゃなくて、現場もそれを望んでいたので、そういうやり方をしていました。

私が入ってからわかったことですが、例えば工場ごとにＭＥＳ（製造実行システム）として同じツールが入っているのですが、その時々の契約で値段がバラバラで、２倍、３倍ぐらい違ったりしていました。矢島さんがおっしゃる通りだと思うのですが、今「情報システム部門が付加価値をつけることは何なのか」と改めて問い直しています。これはたぶんベンダーさんにも同じことが言えると思うのですが。

つまり付加価値をつけられるから、我われ情報システム部門に相談が来ると思っているので、我われが付加価値をつけられないことはもう、どんどん現場でやってもらうと。

矢島　そのあたり、どんな付き合い方をしてもらったら企業としてはうれしいか、発展するかということは、次のテーマでお話をお願いしたいと思います。

◆伝統を守りながらデジタル化を進めるときは、既存事業ファースト

矢島　板野さん、どうでしょうか。やはりどんどん基幹システムをやっていかないといけない。でも職場の中では、「紙が残っていた」から始まって、次々とデジタル化していかないと結局は職場も効率化しない。効率化できないだけじゃなくて、外との繋がりもつくれない中で、三菱マテリアルさんの現場と情報システム部隊との関係はどうですかね。

板野　我われ三菱マテリアルの観点からは、会社としては非常に古い伝統をずっと持ち続けてきています。生業としても昔からのビジネスモデルの部分も守らないといけないとい

けない中で、新しいものにも追随していかないとならない。古いものと新しいものが混在しています。その中で、やはり先ほど矢島さんがおっしゃった通り、ERPに置き換えたいけど、既存のものを守りながらどう置き換えていくかという難しさに、今まさに直面しています。

三菱マテリアルの特徴として一つ言えるのは、比較的内製化して運用していること。自前でやるのが当たり前という部分が浸透していて、現場部門と情報システム部門との距離が比較的近い。

一方で、今の最新のパッケージやクラウド、あるいは新しくいろいろなツールを入れるときに、スムーズにいけば問題はないのですがそこがなかなかスムーズにいかない。やはり古い仕組みと新しい仕組みが混在している中で、もう古い仕組みに何かを加えるというのは限界が来ていて、刷新しないといけない。

ただ、パッケージとクラウドという部分によって、外部のベンダーさんやコンサルの方と、自分たちでつくってきた内部の人たちの役割が、今かなり変わってきていると感じています。

そういう意味で、我われとしてはまず既存のビジネスファースト、経営事業ファーストで何ができるかということで取り組みを進めています。

クラウドやパッケージといった、欧米先行で来ているものを入れるときはどう

板野則弘　1963年岡山県倉敷市生まれ。1989年広島大学工学研究科修了。1989年三菱化成（株）［現・三菱ケミカル（株）］入社。生産技術部門［現・岡山事業所］を経て、生産技術拠点立ち上げのため、米国シリコンバレーに駐在。帰国後、2000年に情報システム部に異動し、ビジネスへのIT活用（Eビジネス）を推進。2012年三菱化学（株）［現・三菱ケミカル（株）］情報システム部長、2015年三菱ケミカルホールディングス（株）［現・三菱ケミカルグループ］情報システム室長。2018年より三菱ケミカル（株）情報システム部長に就き、DX推進プロジェクトマネジャーも兼任した。2021年4月1日に三菱マテリアル（株）に転職し、CIO（最高情報責任者）兼 システム戦略部長に就任。

してもシステム主導になりがちですけど、本来はやはりユーザー部門が本気になって、そこをどう自分たちのものとして考えるかというところが重要です。そのギャップを埋めてあげるときに、外のパートナーの皆さまの力を借りながらやっていくのが理想的です。ただ現実には、やはりいろいろなハードルがあるかなというところですね。

◆１社の中で、ＣＩＯとＣＤＯはそれぞれどうあるべきか

矢島　大きなベースとしてのクラウドやソリューションといった新しい仕組みが出てきている一方で、名刺という古い仕組みがまだ残っている。私がヤンマーのＣＩＯだったときも、名刺管理や経費精算などは総務や秘書室、または経理がやるというベースがありました。それをすべて「待て」と言っているわけにもいかない部分も出てきますよね。

その中で今、既存の部分と周りでやっていかないといけない部分があって、不易流行みたいなところもありますけれども。企業の中のＣＩＯとＣＤＯという位置付けも、企業の中ではいろいろなパターンがあると思います。名前がＣＩＯ、ＣＤＯとついているかどうかは別として、「ＣＩＯとＣＤＯが両方いる」、「ＣＩＯが全部やっている」、「ＣＩＯとＣＤＯがいて、それを統括している誰かがまた

いる」というような。

板野さんのところはまさに、今の会社も前の会社も明確にＣＩＯとＣＤＯがおられた。これはどうだったのでしょうか。また、逆にどうあればよいと思われますか。お伺いしたい背景としては、おそらくパートナーの方々も「ＣＩＯとＣＤＯがいる企業にどうアプローチするのがよいのか」という課題感を抱かれていると思うのです。やはり先ほどの話で、個々の企業の取り組みの背景を理解しておかないとならない部分もあるので、板野さんの前の会社、今の会社を含めて、ＣＩＯとＣＤＯの役割分担、関わりはどのような感じでしたか。

◆CIOとCDOの役割分担は可能

板　野　先ほどのクラウドやパッケージが入ってきたことによって、どういう変化が起きたかというお話に繋がるかなと思っています。本来は今のＤＸのところでやっていることも、要するにＳＥやシステム部門としてやるべきです。

エンタープライズアーキテクチャー（企業全体のシステムを統一的な手法でモデル化し、業務とシステムの最適化を図る手法）も、そのトップ２レイヤーの経営事業あるいはデータをどう使うかというところまでを含めて、全部をシステム部門がやるのが当たり前だった時代がずっと来ていたはずです。

しかし、「クラウドや外のいろいろな便利なツールをそのまま使おう」となったときに、システム部門も結局「自分たちは、業務アプリとインフラを入れればいいのか」というようなところに落ち着いてしまった。「言われたことだけやっているほうが楽ですよね」とか。それをシステム部門に頼むほうも、要するにこういう便利なものを考えることをシステム部門に求めなくなってきてしまったというか、「そのまま使えばいいじゃないか」となってくる。それが一つ歪んだ世界を……歪んではいないですけど。結局、上の二つのレイヤーの事業・ビジネス、あるいはデータの利活用のところまで考えるのは一体誰なのかということに、急にみんなが気付いた。そこがDXに繋がったのではないかなと思います。

やはりトップ2レイヤーのところでは、CDOの今の主たる目的は、少し語弊があるかもしれませんが、経営と一緒に「ビジョンを描く」ところが得意な方が多い。CIOは、ちゃんと最後まで実装して、運用して、メリットまで手に取るという。だから、それぞれの会社にお二方がいたとしても、私としても役割分担をうまくやってきているつもりですし、できていると思います。

◆守りながらも攻めていく体制をどう作るか？

矢　島　私はよく野球で例えるのですが、今までの情報システムは、外野に100球のフライが飛んできて、守備範囲の中で100球受けるのは当たり前で、1球でも落としたら「何しとんねん！」と怒られる。だからもう守りに入っていく。でも、今のDXの世界は極端な話、10回バッターボックスに立って、2回でもホームランを打てば「すごいやっちゃ！」と言われる。大谷（翔平）君みたいに両方できたらいいですが、なかなか（守りと攻めを）両立させるのは難しい。

両立はできないけれども、いつまでも守れるベースだけでもいかんよね、と。そこの付加価値も出していかないといけないところはありますよね。経営陣から見たときに、しっかりと守りながらも攻めていく体制を作っていく上では、CIOとCDOの中で揉めることはないですか。

板野　今回のDXのすごく良いところは、いろいろなチャレンジができて、失敗してもいいよということ。要するに、いろいろなトライアルをした中から、何か本当に新しいもの、Xに近いものを取り出すプロセスがいちばん大事なところだと思っています。

私はCDOとCIOの間柄というよりも、今日のテーマである事業部門やユーザー部門とITとの関係のほうに、割合大事なところがあると思っています。おそらく最初はDXを推進しようとしている会社の大半は、まずDXの専門部隊を作られると思います。その専門部隊が最初の立ち上げなどを引っ張っていく。

その中で、ある程度ＰＯＣをしっかりやることが大切です。私は「ＰＯＣ祭り」と揶揄するのは反対です。

ＰＯＣをするときは、心理的安全性のある領域にする必要があると思います。それができないままＰＯＣに入って、すぐに「で、リターンは何だ」、「効果は何だ」と言ってしまうと、たぶん誰もチャレンジをしなくなってしまうと思います。ただ、実行フェーズになったときに、結局当事者が本気になっているかどうか。専門部隊がいくら本気度を高めたとしても、現場が冷めてしまっていないか、あるいは本来やらないといけない主役が本当にど真ん中にいるかどうか。

ＣＤＯとＣＩＯ共に、やはり会社の中でそれぞれのテーマにおいて、ちゃんと実行の中心人物を据え付けられるかどうかのほうがすごく大事です。なので、揉めたことはありませんよ。（一同笑）

◆どんな相談が来ても、絶対に「ノー」と言わない情報システム部門

矢　島　小和瀬さんのところは、どちらかというと、ＣＩＯとＣＤＯの役割を両方とも小和瀬さんが担っておられる。板野さんのところは、ちゃんと連携を取りながらうまく回していらっしゃる。

おそらくここからが、皆様がいちばん聞きたいところに入ってきますが、ベン

ダー、エスアイヤー、コンサルティング企業の皆さんにどのような提案をしていただいたら。もしくは「こういう提案持ってくるやつおんねんけど、ほんまに時間の無駄やねん」という視点でもよいのですが、小和瀬さん、率直に言うといかがですか。

小和瀬　まさに今、荏原製作所には情報通信統括部という、我われの部門があるのですが、現場部門からどんな相談が来ても、絶対に「ノー」と言わない。なぜかというと、内製化の話にもちょっと通じるのですが、私はIT部隊はやはりエンジニアリング集団だと思っています。我われは技術者集団だとなると、やはり必要な要素技術を持ってなくちゃいけないと思っています。そういうプロフェッショナル集団が「ノー」と言ってしまったら、相談する側は、まったくもうその先がないですよね。

矢　島　それは大事ですね。

小和瀬　もっと言うと、多くのIT部隊が情報セキュリティを盾にして、相談が来たのに「あれやっちゃダメ」、「これやっちゃダメ」という話が結構あるじゃないですか。やはり私はそれじゃあダメだと思っているので、もう絶対に「ノー」とは言わない。もちろんできないこともありますが、できなかったら例えばオルタナティブなアイデアを出したり、課題に対してどうしていけばいいのかというところに歩み寄る。これと同じ構図をやはりベンダーさんにも求めたいと思っています。
先ほども申し上げました通り、荏原製作所は、情報システム部門に対し現場部門から、今すごく相談してもらえるようになりました。昔は相談がなく、ベンダーさんと勝手に現場で進めていました。でも、そこに我われが入ることによって、やはり付加価値が生まれてきています。

◆ITベンダーが「顧客にとっていちばんいいやり方」を認識しているか

矢　島　ベンダー、SIer、コンサルティング企業の皆さんへの問い掛けですが、お客さまのところを攻めるときに、直接ユーザー部門を攻めるやり方と、情報システム部門もしくは経営者にアプローチするパターンがあると思います。現場のユーザー部門に行くとき、情報システム部門には声をかけているでしょうか。ちなみにお二人の会社ではどうですか？

小和瀬　私はベンダーの方が現場にどんどん提案すればいいと思います。ただ、我われが付加価値をつけられれば、現場から必ず相談が来ます。

矢　島　言いつけるわけではないのですが、やっぱりベンダーさんから情報システム部門にも、現場から上がったシステム要望をしっかりと伝えていただいて、情報システム部門から何かあれば我われが答えますから、という情報共有をしておくことは大事だと思いますよね。

小和瀬　いちばん重要なのは、ベンダーさんがその会社にとっていちばんいいやり方をちゃんと認識するということ。やりたいことは、その会社が前に進むことですからね。

会社によってさまざまなルールがあり、どうしても情報システム部門の責任者を通さないといけないというのであれば、せっかく現場にした提案も逆に邪魔されてしまいかねない。要は「そんなのセキュリティでダメだよ」など。そうならないように、やっぱり相手の会社の立場を考え行動してほしいですね。

逆に私がベンダーさんと付き合うときは、一度付き合うと長いお付き合いになります。ベンダーの担当者が転職されても付き合いは続いていて、私がもし相手の立場だったら、こんなことを言われたら嫌だなということは絶対しません。ですからやはり相手のことを考えるというのは、コミュニケーションとか人付き合いの基本かなと思いますね。

◆情報システム部門とITベンダーは〝戦友〟になれる

矢　島　今は本当にいろいろなソリューションがあると思います。さっきおっしゃっていたクラウドやＳａａＳ、いろいろなものがある中で、ユーザー企業としてどういう形で接していけば、いちばん受け入れやすいし、一緒になって考えていけるのでしょうか。

板野　私は2社にわたって、いろいろなベンダーコンサルの方から提案を受けて、うまくいったケースもうまくいかなかったケースもたくさん経験した中で、入り口はあんまり気にしないというか。必ずしも情報システム部門を通さないといけない、あるいは現場部門直でやるというのも、結果としてはあまり関係ない。いいものはやはりいいですから。だけど、大事に円滑に、効率的にやるためには、入り口は別でも、結局は関係者がみんな集まってやっていかないと、いい結果には収まらないと思います。

ローカルのベンダーさんにとっても、1回売れたらそれを全社に展開したいという思いは必ずあるでしょうし。我われとしても、良いものは全社で展開して使いたい。だから、情報システム部門は、ベンダーさんの発注者と受注者という関係性は、もう早急に捨てるべきだと思っています。これだけ複雑で、高度なものを使わないといけないときに、自分たちだけで何かできる時代ではないので。人間関係と一緒だと思います。お互いにギブアンドテイクの関係がない状態では、たぶん長続きしないでしょう。

ただ、会社の中では、やはり経営レベルの人に説明すること、スタッフレベル、それからオペレーターレベルなどそれぞれに対するツボを押さえるのは、我われ自身、いつも困っているところです。

逆に言うと、その勘所を持っているベンダーさんとは、本来だと情報システム部門は戦友になり得るポジションじゃないかなと思います。だから、入り口はキーマンをうまく見つけて、しかしながら取り組みを進めるときには、関係者みんなが集まっているのが理想かなと思います。

◆「ギブアンドテイク」か、「テイクアンドテイク」か

矢　島　そのような中で、例えばこんなベンダーの営業さんとは付き合えなかった、もしくは本当に深く付き合ったという、いい事例でも悪い事例でもいいのですが、何か1つずつあれば参考にお聞かせください。小和瀬さん、どうですか。

小和瀬　私はやっぱりベンダーさんともWin-Winの関係を必ずつくります。ベンダーさん、もしくはベンダーの営業さんもそれぞれ立場があるので、値引ける範囲も決まっている。だから、ベンダーさんがうちと付き合うことによって、ベンダーさんにとってもうちにとってもWinになるか。

矢　島　小和瀬さんみたいに、Win-Winにつくっていこうと思ってくれる人ばかりだといいのですが。ベンダーさんから見たときに、「こんなやつ来たけど、俺もう二

度と会えへんかってん」とか。「こういうやつのここにすごく心打たれてん」というベースみたいなものはないですか。

小和瀬　いや、私がもしベンダーの立場だったら、クライアント側がとんでもないところだったら、食い物にしてもいいと思うのです。もしくはそういう担当しかいなかったら。その代わり、まあ、その会社や担当と長いお付き合いはできないですよね。さっき板野さんが言われたように、そこはベンダーさんも対等の関係ですす。我われはお客様で注文を出すからといって、別に私個人のお金でお願いしているわけではなく、会社の金を使わせていただいているわけで。我われだって自分で稼いでいるお金ではないですから。ただ、相手がそういう会社だったらそれなりの付き合いにはなりますね。やはり日本を盛り上げていかないといけないという視点を最初から持っているかどうかがベースでしょうか。

◆顧客でも言うべきことを言い、必要なら本気で怒ってくれる関係

矢島　板野さんはどうでしょうか。

板野　少なくともＩＴベンダーに対しては、営業と技術の人が仲のいい会社であってほしいなと。要するに、ユーザーの前に来たときにちょっとギクシャクしちゃうと、それはやはり。信頼関係を築く上で、一枚岩になっていてもらいたいという

のはありますね。

小和瀬　1点私が今までで感動した営業さんが1人いまして、今でもその人とお付き合いがあり、その製品を使っていますが、トラブルが起きたときには、いの一番に来る。それでトラブルの中、ずっと帰らないのです。営業は何もできないのにずっといる。

矢島　しんどいときほど、そういう姿勢を見せることは、相手のことを考えているものですね。

板野　いい話の時に申しわけないのですが、一つだけ。私は今まで2人の営業さんから、本気で怒られたことがあるのです。やはりユーザーに対しても、言うべきことはきちんと言うっていう。そうやってくれる人のほうがいい。何でも言われた通りやりますというのは、むしろちょっとマイナスになるときもあるかなと思います。

矢島　私も、今まで本当にいちばん信頼してきたベンダーは、その会社のソリューションじゃないとわかっていても困って聞いたときは答えてくれる。「うちは、そこは対応しません」で終わった人と「一回考えてみます」と言って、ぜんぜん自分の会社のものではないのに「ここの会社に、こういうソリューションがありますよ」と持ってきてくれた人。後者の人とは生涯の付き合いになりましたね。

◆DXを進めていく企業に求められる視座

矢　島　では最後にお聞きしたいと思います。今までのITデジタルだけでは解決できない分野が、どんどん出てきている。SDGs経営とか、こんな世界にも今から踏み込んでいかないといけない。そういうことも踏まえて今日聞いていただいている方々に何を期待したいか。これから一緒にお付き合いしていきたいのはどんなところかなどがあればお聞かせください。まずは小和瀬さん。

小和瀬　これからというか、今までもそうだったのですが、やはり我われがやらなくちゃいけないこと、やりたいことというのは多々あります。

実は荏原製作所は今、本当にDXで、経営改革や業務改革、事業改革を進めているわけですけど、やらなきゃいけないことが山のようにあるのです。

そういう中で、もちろん我われだけじゃできないこともたくさんあるし、我われはエンジニアの集団なので、技術を身に付けていかなくちゃいけないのですが、板野さんもおっしゃっていたように、新しい技術はそう簡単には身に付かない。だからベンダーさんにも相当入っていただく。人が足りなくて困るくらいなので、入っていただいて、その中できちんと付加価値を上げて、価値を提供していただくことがすごく重要です。

あと、SDGsの話になると、うちも今、温室効果ガスについて、「E-Vision2030」

の中で、2030年までに1億トンのCO2を削減すると掲げています。例えば荏原製作所は「つながるポンプ」ということで、我われがお客さまに納めさせていただいたポンプがどういう状況かというのをデジタルで可視化していますね。

矢　島　相手の立場になって、相手の目的を達成するために支援していかないといけないですね。

小和瀬　そうですね。相手の会社さんにとっては、ポンプだけ、仮にCO2などをモニターできてもあんまり意味がない。ドイツなどを見ていると、やはりそういう社会的取り組みがしっかりしていますよね。

矢　島　インダストリー4.0ですね。

小和瀬　一つの会社さんでそれをやるのは、ベンダーさんもすごく難しいと思うのですが。

矢　島　これは日本の課題ですから、そこをどう解決するかという話は難しいと思いますが、企業はやはり業界全体の効率化にも取り組まないといけないということを、もう経営として考え始めている。

小和瀬　そうです。

インダストリー4.0　サプライチェーン管理の効率化を図り、国内の製造業全体を一つのスマート工場として機能させようとする構想

◆SDGsもセキュリティもサプライチェーンも1社では対応できない

矢島　だから、ITデジタルもそこまで視座を高く進めていくべきということで、皆さんにもどんどん先を見た提案をしていただけたらと思います。

板野　はい。組織が違うことによって生まれるいろいろな軋轢を超えるには、やはりギブアンドテイクの信頼関係をどう築くか。それから、内製化といわれていても、結局は役割分担をどう変えるか。時代や必要性に応じてフレキシブルに変わるし、常に動いている状態が適正だと思いますね。

一長一短ある中で、矢島さんのお話にもありましたけど、自分たちの会社さえ良ければいい時代はもう終わっていますので。要するに日本はグローバル、あるいは地球環境も保ちながら、ビジネスで何をしないといけないかとなると、必ず外に手を伸ばしていかないといけない。それから、これからはサプライチェーンも重要になってくると思っています。

だから、SDGsにも、セキュリティにも取り組まないといけない。実は一民間企業としては最先端のものはいらないのです。いくらやったって、100%安全という世界はないから。ちょっと語弊はありますけど、私は「世間並みのレベルを目指します」ということを公言しています。世間並みというのはすごく難しい概念ですが、要するに何かあったときに「やるべきことはやっていました」と言い切れることが大事です。

それは時代によって変わっていって、そのアンテナをいちばん持っていらっしゃるのは間違いなくベンダーの方、コンサルの方です。環境問題もセキュリティも、欧州中心にどんどん個人情報からSDGsまで仕掛けだけ出てきてしまうので。それにどう乗るかというのは、一社一社で対応するのはもう無理だと思うのです。ですから、やはり外部の皆様と高くアンテナを上げ、一緒にギブアンドテイクしながらWin-Winの関係をしっかり築いていく世界を目指さないといけないと思います。

発注者・受注者という関係性だと、間違いなく何もうまくいかないと思います。だから、私はパートナーとしての役割を持って、「この部分はぜひ教えてください。逆に指導してください。怒ってください」というくらいのスタンスでいきたいと思います。

◆プロゴルファーとキャディにも通じる、企業とITベンダーの関係

矢島　ありがとうございます。今日は、会社を知る、考える、ギブアンドテイクする、キーマンをもっと知ってほしい、長い付き合いでパートナー関係を構築しやっていくべきだというお話をいただきました。

今のお話を聞いていて、プロゴルファーとキャディの関係のようだと感じたのですよね。この間、松山英樹さんの専属キャディをしていた進藤さんにいろいろお話を伺ったことがありました。

進藤さんがおっしゃっていたのが、たまに試合中でも大喧嘩する。「いや、何番で打つ」、「いやいや、もっと低く打ったほうがよい」って。松山さんのほうがうまいのは明らかなので、偉そうに言うと「お前より俺のほうがゴルフできんねんから、指示するな」と怒りだして、もう潰れちゃいますよね。

本当に雇われキャディじゃなくて、その人のためのキャディだという形であれば、言うべきことは言っていただいたほうがいいし、（相手のことを）知って適切なものをちゃんと提案していく。松山さんのキャディの方も、もう長くやってきたから、松山英樹さんが世界で優勝できるようになられたんだと感じました。

日本の企業のお話もありましたけど、やっぱり日本の企業をＩＴデジタルによってどんどん強化していくために、皆様も各企業に力強くご支援いただきたいと思います。

今日はいろいろと良いお話をいただき、小和瀬さん、板野さん、本当にありがとうございました。

おわりに

本書は、企業においてＩＴ化やデジタル化を推進しているＣＩＯや情報システム部門で取り組んでおられる方々にとって新たな気付きや取組み強化を行うヒントを提供できればという強い思いを持ち執筆させていただいた。

企業でＩＴ化やデジタル化を実際に経験してきた優秀なメンバーが、自分が進めてきて良かったと思う点も失敗を通じ反省した点も多く盛り込まれていると信じる。私が企業の情報システム責任者をしていた際、多くのプロジェクトを色々な立場で進めてきたが、常に自分自身にもまた一緒にプロジェクトを進めてきた周りの方々にもプロジェクトが終わった時に言った言葉がある。

「もしタイムマシンがあり、このプロジェクトをスタートする時点に今戻ってもう一度このプロジェクトをするとすれば、何かを変えますよね。何を変えるかを今考えてみよう。そしてそれを整理しておけば、未来の自分のためにも、また後進のためにも素晴らしいノウハウの財産になる」と。

今回ＣＩＯ Ｌｏｕｎｇｅに所属いただいている素晴らしい方々が、まさに長年進めてきた経験を通じ、そうした思いで執筆していただくことができた。

さらにこの本はＣＩＯやＩＴ責任者に役立つ本と申し上げたが、本の内容を色々な経営者の方々にご説明したところ、これからの経営者はＩＴ戦略を駆使した経営を進めることが不可欠であり、企業におけるＩＴ戦略を進めるＩＴリテラシーを得る最高の内容であると言っていただけた。つまりこの本を手にしたＩＴに携わる方々は是非御社の経営者や事業責任者に手渡していただき、共にＩＴ推進を強化いただければ、本書に記載した三位一体の推進が現実的に進められると信じている。

自分が学生時代に学んで進んできたＩＴの歴史が今まさに大きな変革期を迎えている。ＩＢＭの３６０アーキテクチャーをベースにデジタル化が急速に発展してきたが、今ＡＩ技術や量子コンピュータ技術という、今までのデジタルの延長線ではないテクノロジーが急速に世の中に浸透し始めている。そのスピードはデジタル化が進んできたスピードとは比較にならない速さで広がりつつある。１日も早く企業としてデジタル化を強化し、ＩＴ先進企業／デジタル先進企業となっていただき、そして、次のテクノロジーを活用できるようさらなるチャレンジを進めていただきたい。企業も人もリスクを恐れるなら、何もしなければいいのだ。

例えばサイバー攻撃を受けるリスクを完全に排除したければ、企業がすべてのネットワークから離脱すればリスクは無くなるだろう。**リスク**[*30]**がなぜ起こるか。新たな飛躍のためにチャレンジするが故にリスクは発生する。チャレンジしない企業は成長もなくなる。リスクマネージメントを行い、そして世界に負けない挑戦を進めていただきたい。**

本書は、ＣＩＯ Ｌｏｕｎｇｅ所属の正会員の経験に基づき色々な角度から検討した内容である。執筆いただいた正会員の皆様並びに皆様が経験を積んでこられた全ての関係企業に対し心より感謝申し上げる。

また、我々が初めて書籍として世に出すにあたり、多くの方にご助言を頂戴した。特にダイヤモンド・ビジネス企画の岡田社長ならびに編集にご協力いただいた皆様に心より感謝申し上げる。

この本を最後まで読んでいただいた「あなた」に感謝の意を表したい。本書の30の処方箋が今後のあなたのご活躍に役立つことを祈念申し上げ、筆を置かせていただく。

特定非営利活動法人ＣＩＯ Ｌｏｕｎｇｅ理事長　矢島孝應

CIO Lounge　DX時代を打ち勝つための30の提言

1　日本企業の真の競争力が低下した最大の要因はICT、つまりIT（情報技術）化／デジタル化への対応の遅れである。（P3）

2　「経営にITやデジタルを活かす」という経営者の強い意識と推進力が低い。（P3）

3　ITを活用した経営の変革に対し、経営者が自分事の経営課題として推進していない。（P3）

4　現在特に重要だとされるのはアジャイルさ、つまり変化を素早く捉えて判断し、柔軟に調整しつつ、それでもなお目指す方向はぶれることなく進む力である。（P7）

5　統合システムの導入に対する方向性の違いが、世界の企業と日本の企業とで大きな軌道の違いを生み、日本はじりじりとIT化／デジタル化が遅れるようになっていったのである。（P23）

6　DXが単なるシステムの刷新という情報システムの問題であるとの経営者の誤解により、日本企業のレガシーシステムの切り替えは一向に進めることができないでいる。（P32）

7

IT化／デジタル化は、こうした人々の関係性が大きく影響し合う企業活動の中で、本質的な経営戦略として行うべきものであり、それがDXの本質である。根本的な基幹システムの刷新は、企業のビジネスモデルをも変革させるものだ。（P36）

8

これまで日本企業が強みとしてきた現場力をはじめとする企業価値を十分に理解し自社としてあるべき姿を経営者と現場の管理者、従業員が意識を合わせていくことだ。職場全体、ひいては企業全体で目的が共有され、全社で同じ方向を目指して取り組みを進めることができて初めて、DXが成功する。（P39）

9

自社の業務プロセスの実態を知らずしてスタンダードオペレーションとの違いを整理することは不可能である。まずは自社業務を徹底的に理解し、実態把握を行うところからスタートする必要がある。（P41）

10

常に経営者視点、事業責任者視点を失わないで戦略を講じること。DXを本来的な意味で捉え、IT化／デジタル化を経営改革の主軸に据えたとき、標準化がふさわしいのか、従来業務のオペレーションに特化した構造が重要なのかを経営戦略として意思決定する必要がある。（P42）

11

企業DXは本来「ビジネスを変革する、そのためにデジタルを活用する」というものである。言い換えれば、日本では「BX by D（ビジネストランスフォーメーションbyデジタル）」と表現するべきであったはずだ。（P47）

12 DXを進めるにあたって重要なのは、変革により企業の新たな側面を引き出し、ビジネスモデルを変容させる取り組みを進めることだ。（P47）

13 経営戦略を踏まえたIT化／デジタル化ひいてはDXを推進するには、CIOやCDOだけが号令をかけても実現は到底不可能である。経営層と事業を管理する現場、さらにはIT／デジタル推進部門が力を合わせ、「三位一体」で進めなければならない。（P54）

14 経営課題、現場課題、市場課題、社会課題、技術課題など、360度すべてを一人や一部門で正確に把握することは困難である。だからこそIT部門は、ステークホルダーとの関係性を見直し、より強固な連携を作り上げていく必要があるのだ。（P59）

15 IT部門は経営層に対し、さまざまなITテクノロジーの活用により、素早く効果的な目標達成を実現する方法論を立案また提案していく必要がある。納得度の高い提案となるよう、事業部門との協力が不可欠である。事業目標とIT計画がうまく絡み合い実現可能性の高いものであれば、当然、経営者も正しい判断を行い、ITへの理解も向上する。（P61）

16 問題を提示する前に、まずは現場の考えに共感することが重要だ。現場の価値観や目標、実現に向けた方向性を理解した上で、同じ視点に立って一緒に解決に向かう協働関係を築く姿勢を示せば、現場からの信頼を得る第一歩となるはずだ。（P64）

17 ユーザー企業とITベンダーは、プロジェクトの上ではあくまで対等の立場である。互いを信頼し、支え合うパートナーだと認識することが重要だ。互いの信頼関係に基づく適切な認識でプロジェクトを遂行するための理解と共感を持ち、信頼するからこその課題の深掘りと緻密な要件定義を行う必要がある。（P66）

18

プロジェクトの方向性を決定する判断はユーザー企業が行うべきである。ＩＴベンダーに任せているのだからとタイムリーな判断を怠ったり、忙しさを理由に判断を先送りにしたりすることが、後々大きな食い違いとなり、プロジェクトの失敗に繋がるのである。（P68）

19

自分たちの経験を社外で公開することを躊躇させる制限をなるべく排除してほしい。特に、情報システム分野では、井の中の蛙ではなかなか新しいチャレンジを行うことは難しいところである。他社事例や新しい考え方、便利なツールやソリューションを学ぶ中でやるべきことが見えてくるはずだ。部下には、仕事の一つと義務化するくらいでよい。（P78）

20

ＩＴ化またデジタル化の牽引役となるＩＴ部門においてその責任を負うＣＩＯやＩＴ責任者に与えられた機能の重要性である。（P84）

21

ＩＴ部門は、要望を受けて動くのではなく、自らが変革して経営や事業部門と真摯に向き合うことだ。波風は立つかもしれないが、経営に認められ、企業にとって価値のあるＩＴ部門に変わることができるだろう。（P90）

22 社外のスキル診断の活用と、自社の評価面談等を組み合わせながらレベルの認定と会社の評価制度との連動を行う。認定の際は、レベルに応じて、スキル診断だけで認定するものから、上司の承認や場合によっては客観的な第三者を交えた面談での評価を行う。（P110）

23 企業全体で進めるべき経営課題と事業（または地域）で進めるべき事業課題を整理した上で三位一体のシステム構築を進めていかなければならない。9象限として進めていくためには、まず全社統一で進めるべき取り組みを企業として取り決め、それを支える全社システムを提供する（P135）

24 現場からの報告を鵜呑みにせず、現場の作業状況を直接把握する仕組みを作ることが重要である。（P173）

25 タイミングを逃さず、うまく活かして導入できるよう、日頃からソリューションの情報収集・調査・検討を行い、ある程度準備しておく（P179）

26 専門用語を駆使した提案がかえって経営層や他部門との間でのコミュニケーションギャップを生み、意思疎通を阻害して稟議承認に手間取ったり、逆に経営層からの丸投げ状態の原因になっている（P180）

27 ＩＴ戦略策定とＩＴガバナンス規定を最初から、同時進行で進めることにより、ＩＴのグローバルガバナンスはより効果的に進められるはずだ（P206）

28

社内ＩＴ部門がやるべきコア業務を明確にし、外部リソースやサービスの活用も考慮しながら、優先順位に基づく要員の配置や責任と権限の付与を大胆に行ってほしい。（Ｐ２１５）

29

ＩＴベンダーは「デジタル化のパートナー」となるように、さまざまな相談を安心して持ち掛けることのできる「かかりつけ医」としての存在に発展していく。（Ｐ２２９）

30

リスクがなぜ起こるか。新たな飛躍のためにチャレンジするが故にリスクは発生します。チャレンジしない企業は成長もなくなる。リスクマネージメントを行い、そして世界に負けない挑戦を進めていただきたい。（Ｐ２７４）

CIO Lounge　正会員名簿

No	会員氏名	略歴
1	矢島　孝應	理事長　本文・筆者プロフィール参照
2	加藤　恭滋	副理事長　本文・筆者プロフィール参照
3	橘高　政秀	理事事務局長　1957年生まれ。1981年住友ゴム工業（株）入社、情報システム部、購買部、人事総務部を経て、2008年IT企画部長、2021年同社退職。
4	小林　譲	理事 技術担当　本文・筆者プロフィール参照
5	田井　昭	理事 法務担当　本文・筆者プロフィール参照
6	提箸　眞賜	理事　本文・筆者プロフィール参照
7	坂上　修一	理事　本文・筆者プロフィール参照
8	松井　哲二	理事　1955年京都市生まれ。1978年大阪電気通信大学 工学部卒業。1978年京都信用金庫に入庫。34年間システム部で基幹システムの設計、開発、運用、品質管理等を担当。2012年に京都信用金庫を退職し、システム子会社である京信システムサービスの社長に就任。9年間勤め2021年に退任。2022年にNPO法人CIO Loungeの理事に就任。
9	本郷　昭宏	1956年生まれ。1979年NEC Corp. 入社、ＩＣＴ営業一筋を経て、2009年関西製造プロセス業営業本部長、2012年役職定年。同年NEC Corp. 販売店へ転籍、代表取締役社長、2018年同社退職。
10	安藤　啓吾	1965年生まれ。1989年三菱商事（株）入社、グループシステム開発部配属、米国三菱商事駐在、IT子会社社長、自動車事業会社CIOを経て、2017年ITサービス部長。2021年3月（株）マクニカ入社、同年4月IT本部長、6月マクニカホールディングス（株）執行役員就任。
11	石野　普之	本文・筆者プロフィール参照
12	板野　則弘	本文・筆者プロフィール参照
13	井上　尚	1956年生まれ。1979年松下電器産業（株）［現・パナソニックホールディングス（株）］入社、SCM系アプリケーションSEとしてITキャリアをスタート。1993年アメリカ出向（製造会社）、2004年IT部長、2014年日本IBM社転籍（アウトソーシング）、2018年同社退職。（ITコンサルタントとしてフリーランス活動中）
14	井本　滋久	1967年生まれ。1990年松下電器産業（株）［現・パナソニックホールディングス（株）］入社、事業部の情報部門長を経て、2017年同社退職。2017年（株）ダイセル入社、全社業務改革プロジェクトリーダー、システム部門責任者を経て、2022年同社退職。2022年京セラコミュニケーションシステム（株）入社、エグゼクティブエキスパートとして在職中。
15	入江　学	1963年生まれ。1986年（株）読売新聞大阪本社入社、2017年システム部長、2021年社長直属DX推進委員会事務局長、2023年同社退職。2023年（株）brinity入社、地域経済創生事業部サステナビリティコンサルティング部長、副業で婚活サポート入縁（イリエン）代表。
16	岩下　敬三	1961年生まれ。1986年（株）竹中工務店入社、技術研究所、企画室を経て、2013年技術本部技術企画部長、2017年グループＩＣＴ推進室長、2022年執行役員デジタル室長。博士（工学）。
17	上田　晃穂	1972年生まれ。1997年関西電力（株）入社。2016年（株）オプテージ出向モバイル事業戦略部長。2019年関西電力広報室ソーシャルコミュニケーション担当部長、2021年関西電力IT戦略室IT企画部長。現在に至る。
18	尾内　啓男	本文・筆者プロフィール参照

19	岡本　圭史	1962年生まれ。1987年松下電器産業（株）［現・パナソニックホールディングス（株）］入社。2015年アプライアンス社業務プロセス革新センター所長。2016年パナソニック（株）情報セキュリティ推進部部長。2017年パナソニックインフォメーションシステムズ（株）執行役員、2019年定年退職。同年（株）イズミ入社、執行役員未来創造推進部部長を経て、2022年執行役員ＤＸ本部本部長兼未来創造推進部部長。
20	小川　真名美	1974年京都生まれ。ソフトウエア会社、パナソニック（株）等にてシステムに携わる業務に従事。2015年より武田薬品工業（株）のIT部門在籍。
21	門脇　あつ子	1965年生まれ。1990年大阪ガス（株）入社、商品技術開発部、導管部、技術戦略部、エネルギー技術研究所を経て、2018年に情報通信部長。2022年大阪ガス（株）執行役員兼京都リサーチパーク（株）社長就任。
22	河村　潔	本文・筆者プロフィール参照
23	岸本　満	1960年生まれ。学卒後アパレルメーカー入社、情報システム部に所属。1990年建材メーカーに転職、情報システム部長を経て、2015年ロート製薬（株）情報システム部入社。部長を経験後、現在は現場システムの運用を担当。
24	國枝　誠	1961年生まれ。1985年松下電器産業（株）［現・パナソニックホールディングス（株）］入社、2004年中国北東アジアIT責任者（北京・上海赴任）。2013 年ヤンマー情報システムサービス（株）入社、2018年代表取締役社長就任。2021年ハンドジャパン（株）代表取締役社長就任。
25	栗田　英正	1971年生まれ。1993年（株）堀場製作所入社、情報システム部門・ドイツ子会社赴任を経て、2020年ICTサービス部長、2023年DX戦略センター長。
26	黒田　勝也	1963年生まれ。1986年松下電器産業（株）［現・パナソニックホールディングス（株）］入社、ITシェアード社内分社・ロジステックス子会社情報システム部兼業務改革推進部部長・本社情報企画部を経て、2012年ITシェアード社内分社事業部長、2015年パナソニックインフォーメーションシステムズ（株）取締役、2016年同社退職。2017年東京ガス（株）入社、IT本部長付部長（DX推進・BPR担当）を経て、2021年東京ガスiネット（株）常務執行役員、現在に至る。
27	小和瀬　浩之	本文・筆者プロフィール参照
28	齊藤　昌宏	本文・筆者プロフィール参照
29	清水　正明	1961年生まれ。1985年阪急電鉄（株）入社、運輸部、電気部、鉄道技術部部長、人事部長。2015年アイテック阪急阪神（株）取締役専務執行役員、2020年同社代表取締役社長就任。2022年（株）阪急阪神ビジネスアソシエイト代表取締役社長（現職）。
30	白壁　誠	1961年生まれ。1986年現・ANAシステムズ（株）入社、ＳＥ／ＰＭ、品質管理を経て、2016年サービス統括執行役員、2020年上席執行役員、2022年退任後グループDX推進PMO担当、2023年同社退職。同年４月日本空港ビルデング（株）入社。
31	新本　幸司	1961年生まれ。1987年（株）アシスト入社、エンジニアを経て 1997年に西日本技術部長、後に営業部長を歴任。2003年東日本へ異動後、情報活用事業部長、営業統括副本部長を経て、2012年に執行役員情報基盤事業部長に就任、2021年に定年を迎える。
32	滝沢　卓	1967年生まれ。1990年（株）三和銀行［現・（株）三菱UFJ銀行］入行。（株）じぶん銀行［現・（株）auじぶん銀行］出向を経て、2019年（株）セブン銀行執行役員デジタルバンキング部長。現在、同社執行役員金融ソリューション部担当。
33	田口　稔	本文・筆者プロフィール参照
34	田島　邦彦	1964年生まれ。1988年富士通（株）入社、営業部門配属、2014年営業部長を経て、2019年支店長、2021年8月同社退職。

35	近田　英靖	1972年生まれ。1995年松下電器産業（株）［現・パナソニックホールディングス（株）］入社、2017年退職。同年ダイキン工業（株）入社、IT部長。2023年4月パナソニックホールディングス（株）再入社、上席主幹としてグローバルIT部門及びデジタル化推進を統括。
36	柄　登志彦	1957年生まれ。1980年大成建設（株）入社、土木設計部、土木工事作業所、技術開発部、技術研究所、情報企画部を経て、2008年情報企画部長、2017年エグゼクティブ・フェロー（情報企画担当）、2023年土木本部顧問就任（現在に至る）。
37	友岡　賢二	本文・筆者プロフィール参照
38	中西　秀明	1963年生まれ。1986年松下電器産業（株）［現・パナソニックホールディングス（株）］入社、CAD関連・DC運営・全グループのメール等のICT環境構築を経て、2016年パナソニックインフォメーションシステムズ（株）取締役、2019年監査役。2023年パナソニックコネクト（株）にてIT利用環境のサポート強化担当。
39	中丸　信和	1957年生まれ。1980年日本電気（株）に入社。初任地は京都。1987年、本社に異動し、製造業・流通業のお客様をソリューション営業として担当。2003年より、中国のSL事業責任者として5年駐在。帰国後事業部長、子会社の役員を経て2018年退職。その後数社の顧問を務め、2023年3月に退職。
40	名和　政邦	1965年生まれ。1988年（株）長谷工コーポレーション入社、情報システム部配属、2000年同社退職。（株）村田製作所入社。生販情報システム部にてSCMシステムのレガシーマイグレーション、グローバル統合を担当。2012年情報技術企画部部長。
41	沼田　智	小野薬品工業（株）常務執行役員デジタル・IT戦略推進本部長。武田薬品工業（株）にてビジネスのグローバル化に合わせたITの変革を推進。リージョナルCIOなどを経て2020年小野薬品工業（株）入社、2022年1月より現職。ダイナミックに変化できる企業を目指した変革を進めています。
42	野水　泰之	1963年生まれ。1986年（株）リコー入社。MFP事業本部、画像システム開発本部、2015年理事、執行役員、常務執行役員を経て、2023年コーポレート執行役員・CDIO・デジタル戦略部部長に就任。同、リコーITソリューションズ（株）社長、Ricoh Software Research Center (Beijing) 会長兼務。
43	橋爪　宗信	1964年生まれ。1988年日本電信電話（株）、同年（株）NTTデータに分社。SEとして多くの法人系システム開発に携わる。2012年法人サービス＆ソリューション事業部長。2013年（株）NTTデータテラノス社長。2018年日立造船（株）に転職、2019年ICTシステム推進本部長、2020執行役員、2022年常務執行役員（現職）。
44	長谷　昌和	1968年生まれ。1991年（株）京信システムサービス 入社、システム開発部門を経て、2014年ソリューション事業部部長、2020年公共システム事業部、クラウドソリューション 事業部を経て、2021年同社取締役就任。
45	原　和哉	1963年生まれ。1987年積水化学工業（株）入社、研究所、新規事業部、事業子会社出向などを経て、2005年IT部門へ、2016年IT部門長就任、2020年デジタル変革推進部情報システムグループ長、現在に至る。
46	東本　謙治	本文・筆者プロフィール参照
47	引地　久之	1955年生まれ。1980年Digital Equipment Corp. 入社、業務、物流、情報システム部、経営情報担当、情報システム部。1994年Compaq Computer Corp.入社、情報システム部長、2000年以降Tandem、DEC、HPシステム統合責任、情報システム本部長。2008年日本たばこ産業（株）、情報システム部長、Global CIO Office担当、2021年同社退職。
48	平松　敏朗	1953年生まれ。1979年富士通（株）入社。以降フィールドＳＥ部門で大手製造業を担当。2009年（株）富士通長野システムエンジニアリング社長。2014年富士通ITマネジメントパートナー（株）社長、2019年同社退職。
49	廣瀬　忠史	製造業DX担当部長。20数年間、情報システム部門を経験した後、2021年よりDX戦略を担当。
50	藤城　克也	本文・筆者プロフィール参照

51	藤原　寿生	1957年生まれ。1980年大日本製薬（株）［現・住友ファーマ（株）］入社。情報システム部、人事部、経営企画部を経て2007年IT企画推進部長。2014年日立医薬系IT会社に移籍、2022年2月退職。
52	堀川　昌宏	1959年大阪府生まれ。1982年関西学院大学経済学部卒業。同年（株）池田銀行［現・（株）池田泉州銀行］入行。1983年から事務システム部門に在籍しシステム開発等に従事、銀行システム更改、共同センター移行、合併・システム統合を経験。2006年事務統括部長、その後、監査部長、ICT 担当役員を経て、2018年池田泉州システム（株）代表取締役社長に就任。
53	本田　隆一郎	1952年生まれ。1976年松下電器貿易（株）［現・パナソニックホ　ルディングス（株）］入社、英・独・仏・瑞での海外勤務等を経て、2005年グローバルＳＣＭ推進室長、2012年退職。2013年ヤンマーホールディング（株）入社、ものづくり改革部専任部長、2021年退職。
54	馬瀬　嘉昭	1957年生まれ。1980年（株）島津製作所入社、情報システム部、経営戦略室長、中国副総代表、常務執行役員・製造担当・情報システム担当、専務執行役員中国代表、専務執行役員・分析計測事業部長を経て、2023年シニア・エグゼクティブ（常勤顧問）。
55	松本　邦佳	1953年生まれ。1971年松下電器産業（株）［現・パナソニックホールディングス（株）］入社、本社情報システム部門にて全社インフラ企画・構築の責任者を担当、2012年12月同社退職。2013年1月日本アイ・ビ・エム・サービス（株）入社、2015年7月執行役員就任、2017年1月同社退職。
56	松山　竜蔵	1964年生まれ。1988年大和ハウス工業（株）入社以来、経理部門を歴任。2018年前任の加藤理事に呼ばれてIT部門に異動。2020年執行役員情報システム部門担当兼（株）メディアテック代表取締役社長（現職）。
57	峯尾　啓司	本文・筆者プロフィール参照
58	峯川　和久	1972年生まれ。1995年田中会計税務事務所入社。1999年（株）シンフォーム入社、経理部長、2009年退社。2009年古野電気（株）入社、財務課長、経理課長、ITソリューション室長、IT部長。
59	三好　力	本文・筆者プロフィール参照
60	森本　秀治	1964年生まれ。1987年（株）ワコール入社、パーソナルウェア事業部へ配属（生産管理担当・営業担当）、1990年同社システム事業部へ異動、2016年同社執行役員・情報システム部長、2023年（株）ワコールホールディングス監査室長。
61	矢吹　哲朗	1963年生まれ。1988年鐘淵化学工業（株）［現・（株）カネカ］入社、中央研究所医療材料研究グループ、総合研究所研究企画部、2001年情報システム部兼業務改革委員会事務局を経て、2016年業務改革推進部情報システム室長、2022年同社退職。2022年東洋紡（株）入社、デジタル戦略部長を経て、2023年執行役員・CDO・デジタル戦略総括部長就任。
62	山内　憲二	本文・筆者プロフィール参照
63	山本　浩平	本文・筆者プロフィール参照
64	四本　英夫	本文・筆者プロフィール参照
65	金森　喜久男	松下電器産業（株）［現・パナソニックホールディングス（株）］入社後、北陸支店長、松下電送システム（株）常務取締役、松下電器産業（株）パナソニックシステムソリューションズ社常務取締役後、松下電器産業（株）情報セキュリティ本部長。2005年より内閣府・経済産業省情報セキュリティ委員会委員。2008年（株）ガンバ大阪代表取締役社長。寄付によるスタジアム建設募金団体設立し代表理事就任。完成後吹田市に寄付。アジアサッカー連盟プロクラブ委員会の委員及び委員長（チェアマン）就任。追手門学院大学経営学部教授を経て一般社団法人情報セキュリティ関西研究所代表理事（現職）。

66	菊池　武志	1959年生まれ。1983年伊藤忠商事（株）入社、1999年に（株）IIJへ転籍。2004年（株）IIJフィナンシャルシステムズ代表取締役社長、2005年（株）IIJテクノロジー代取社長、2010年（株）IIJ専務取締役、2021年特別顧問、2023年同社退職。2015年より3年間（株）シグマクシス社外取締役。2021年よりHOUSEI（株）社外取締役（現職）。
67	木下　学	元日本電気（株）執行役員副社長。日本電気（株）入社後営業一筋、現場を大切に主に流通、製造業を担当し昨年定年退職。ご縁をいただいた明るく元気な仲間たちが目指すCIO Lounge設立趣旨に共感しアドバイザー就任。
68	西田　光志	1951年生まれ。1977年（株）東洋情報システム［現・TIS（株）］入社、SE、営業を経て、2000年取締役企画部長、2003年取締役金融カード事業部長。2008年4月クオリカ（株）代表取締役社長。2013年TIS（株）代表取締役副社長、2018年TIS（株）退任、顧問就任。
69	森谷　浩一	1957年生まれ。1981年パイオニア（株）入社、2005年中国HD董事兼総経理、2015年取締役常務執行役員、2018年代表取締役兼社長執行役員、2020年相談役。2020年前田道路（株）社外取締役。2021年インフロニア・ホールディングス（株）社外取締役兼指名委員会委員長。2023年（株）海外需要開拓支援機構（クールジャパン機構）社外取締役兼海外需要開拓委員会委員長。

（2024年1月16日現在）

【著者】

特定非営利活動法人 CIO Lounge

ICTをいかに経営に取り込み、事業活動を伸長させるかということが、企業や組織において喫緊の課題となっている。
国内外の企業でCIOやIT部門責任者を経験してきたメンバーが、その知見を活用することで、課題解決の糸口を見いだし、さらにはICT活用普及促進による情報化社会の発展に寄与することを目的として、2019年理事長・矢島孝應を中心に立ち上げられたNPO法人である。これまで、100社以上の企業、自治体、大学等の教育機関、ラジオ・テレビ等の放送局、病院等の医療機関等へコンサルティング活動を実施する一方、2023年にはさまざまなテーマで9回のワークショップを開催し、延べ300人の一般企業様、ITベンダー企業様と意見交換することで、ICTを活用した経済活動の活性化に向けた事業を展開。企業や組織に対してより一層信頼度を高めて、また、広く企業・団体から支援を受けつつ中立的であり続けたいと考え、特定非営利活動法人として活動を続けている。

CIO／IT責任者が語る、DX時代を打ち勝つための30の提言

CIOが日本の経済と企業を変えていく時代がやってきた

2024年1月16日　第1刷発行
2024年3月14日　第2刷発行

著者 ――――――― CIO Lounge
発行 ――――――― ダイヤモンド・ビジネス企画
〒150-0002
東京都渋谷区渋谷1丁目-6-10 渋谷Qビル3階
https://www.diamond-biz.co.jp/
電話 03-6743-0665(代表)

発売所 ――――― ダイヤモンド社
〒150-8409　東京都渋谷区神宮前6-12-17
https://www.diamond.co.jp/
電話 03-5778-7240(販売)

制作進行 ――――― 橘高政秀(CIO Lounge)
編集制作 ――――― 岡田晴彦・上村麻子
編集協力 ――――― 南部優子
編集アシスタント ――― 南部紗里
装丁 ――――――― いとうくにえ
DTP ――――――― 齋藤恭弘
印刷 ――――――― シナノパブリッシング

ISBN 978-4-478-08505-9